JN047498

第一部　ムラウガミ、そのほかの話

ムラウガミ

現在六十歳になる神谷（かみや）マモルさんの育った山間の集落には、四十年前までムラウガミという行事があった。村にノロや神人（かみんちゅ）と呼ばれる人がまだ存命だった昭和の時代、村人たちは旧暦の六月十五日になると、こぞって集落にある九つのウタキを回って、順番にウガミ（拝み）を行った。それをムラウガミと呼んだのである。

神谷さんの家は代々アムシラレと呼ばれる女系ノロの家系であったため、アムシラレの直系であった祖母のカマドガマさんが集落の祭祀を取り仕切っていた。祖母を始め集落には五人のノロがいて、みな朝から忙しく働いていた。

その頃神谷さんはまだ小学生だったので、祖母のカマドガマさんのあとをひょこひょことついてまわり、「誰々を呼んで来い」「何々を持ってくるように言ってちょうだい」といった言いつけを忠実に守っていた。

そして祖母について、山にある二つ目の拝所を廻ったときに、ふいに晴れているのに雷が鳴った。

いきなり激しい雨が降りだした。

「まずい」とカマドガマさんが漏らした。

そしていきなり鬼のような目で神谷さんを睨みつけた。

「マモルよ、あんた家の仏壇わかるよね。仏壇の二段目の引き出しに、大きな瑠璃色の数珠があるから、あんた急いであれを持ってきなさい。そして誰にも渡したらダメだからね。わかったか？」

なにやら鬼気迫るその表情と声に恐れを抱いてしまったものの、それが大事な役目だとわかった神谷さんは大きく頷くと、すぐさま家に向かって走り出した。

山間から集落の中に戻ると、みんなムラウガミのために拝所に行っているので誰もいない。すぐさま家の中に入って仏壇の二段目の引き出しを開ける。瑠璃色の大きな数珠はすぐに見つかった。とりあえずそれを引っ掴むと、靴を履いて全速力でカマドガマさんの元に向かった。

と、集落から山に登る道に大人が立っているのが見えた。

全身喪服のような真っ黒い服を着ている。一度も見たことがないオジイだった。しかも神谷さんを見ると、ヨボヨボの腕でオイデ、オイデをした。

「ワラバー（子ども）よ、それ、くれ」

そのオジイはいきなりそんなことを言った。

「いやだ」

神谷さんは断固として言った。見るとオジイの顔は出来物なのかこぶのようなものが一杯あり、片目は真っ赤に充血していた。

「ワッタームン（私のもの）」と数珠を指差して言った。

「違う」と神谷さんは答えた。

それでもオジイが迫ってきたので、神谷さんはオジイを押しのけて道を走り出した。そして走りながらすぐ後ろを振り返った。

誰もいない。

え？

キツネにつままれたように感じながら、神谷さんは再び全速力で山を登り、みんなの待っている拝所まで戻った。

数珠を受け取ったカマドガマさんは、再びグイス（祝詞）を唱え始めると、雨もぱったりと止んだ。

その後、すべての拝所を廻り、ムラウガミは滞りなく最後まで続けることが出来た。


その日の午後、神谷さんの実家にてムラウガミに参加した人々が集まって食事をした。

その席で神谷さんはカマドガマさんに呼ばれた。

「マモルよ、あんた言いつけをちゃんと守って偉いさ」

そう言ってカマドガマさんは神谷さんの頭を撫でた。

「ところで数珠を取りに行かせたが、あんたおかしなことはなかったかい？」

「え？」なぜかそう聞かれて心臓がドキンとするのがわかった。

「えっ？」カマドガマさんも険しい表情でそう言い返した。

「あんたよ、誰かと会ったのかい？」

そう聞かれると、なぜか怖くなって話をすることが出来なくなった。

「マモルよ、あんたまさかあれと会話をしたわけじゃないだろうね？」

「えっ？」

思わずそう漏らしてしまった。会話はしたが、ただそれだけの話だ。数珠を渡したわけでもないし、何らやましいことはしていない。でも心のどこかで何かに怯えていた。

あれは一体誰だったというのだろうか。

「オバア、話をしたけど、でも数珠は触らせなかったよ」

そう神谷さんが言った瞬間、カマドガマさんはみんなが聞こえるくらいの大きな舌打ちをした。

「チッ」

そして虚空を睨みながら、何度も何度も舌打ちをしたという。

理由はまったく話してくれなかった。あの喪服姿の男性のことも誰なのか今もってわからないという。

預言者

ある精神病院に勤めている伊佐川(いさがわ)医師から聞いた話である。

伊佐川医師の担当している患者で、Aさんという方がいた。Aさんは妄想が激しく、自分が世界を救う預言者の生まれ変わりであると信じており、言語中枢にも障害があった。最初はユタにかかっていたというが、どうにも埒が明かず、家族が強制的に入院させた。Aさんは六十代の沖縄出身の男性で、調子のいい時だとテレビ番組などの世間話をするのだが、調子が悪くなると会話すらおぼつかなくなった。

昨年、伊佐川医師は、Aさんから一通のメモを手渡された。

そこにはこんなことが記してあった。

二〇一九年七月　伊是名島(いぜなじま)のウンナー（豊作祈願の祭り）の綱引き、切れる。

二〇一九年八月四日　与那原（よなばる）の大綱引きの縄が切れる。
二〇一九年十月十三日　那覇（なは）大綱引きの縄が切れる。

「先生、これね、覚えておいてください。私ね、よくトゥルバトー（ぼんやり）しているんだけどね、いろんなものが見えるわけですよ」とAさんは言った。

「何が見えるんですか」

「未来というのか、いろんな線が絡んでいて、恐ろしいんです。声も聞こえるし、ウヤファーフジ（先祖）かもしれないし、悪魔かもしれないし、よくわからないんです」

「そうなんですか。で、この記録はなんですか。那覇大綱引きの縄が切れたのは、新聞で読みましたよ。そのほかの二つは知りませんでした」

「先生、沖縄の綱引きは神事なんですよ。吉兆を占う神事なんだ。とても神聖なもので、最近はスポーツみたいに見られているが、違うんだ。これで昔の琉球王朝は世界の動向を占っていたんだ」

「そうでしょうねえ。歴史がありますからね」

「だから、これだけの綱が切れるっていうのは、何かあるんだよ、先生」

「何があるんです？　もしかして首里城（しゅりじょう）が燃えたことを意味しているんですか？」

先週の夜中、沖縄を象徴する巨大な城が炎に包まれていた。

ところがAさんはこんなことを言った。

「違う。まったく違うものが来る。もっと酷（ひど）いものだよ。城が燃えたってどういうことはない。だってあれは人間が作ったものだろ。先生だって知ってる。そうじゃない。もっと沢山（たくさん）人が死ぬ。世界が終わる。それが始まる。私は怖いんだよ、先生。親戚とかみんな死ぬ。私の中で誰かが悲鳴を上げている。疫病が流行（はや）る気がしているんだよ。世界的な疫病だよ。人がいっぱい死ぬけど、誰かが裏で糸をひいている」

「誰かが世界を滅ぼそうとしているわけですか？」

「そうそう。もう、涙ビケイ（涙ばかり）。泣くしかない。悪魔がこの世とあの世をイチャイキチャイ（行ったり来たり）。ウトゥルシムン（恐ろしい）」

　Aさんは日頃から未来に関する予言めいたことを言っていたが、その日は特に激しい感情があふれ出ているようだった。

　それから二週間後のこと。親戚の葬式があったので、家族の要望でAさんに外出許可が与えられた。ところが次の日、警察から電話が掛かってきた。

それはAさんが、家族の目が離れた隙に包丁で自分の首や腹を切り、失血死したという知らせであった。伊佐川医師はショックを受け、すぐさまAさんの家へと車で向かった。

残された家族は、目を離した自分たちの責任だと、大粒の涙を流しながら伊佐川医師に話をした。その後家族による密葬が行われて、Aさんの遺骨はお墓に納められた。

「それで、出るんですよ」と伊佐川医師は語る。

「それもうちの病室、Aさんが入院していたベッドに、夜になるとAさんが現れて、他の患者に向かってヒソヒソ声で何か言うんですよ。あのですね、これだけだったら、私は幽霊の存在を信じているので、そういうこともあるだろうっていう見解なんですよ。人は死んでも、魂のようなものは残るんだろうなって。でも私の言いたい話はそうじゃなくてね。綱引きの吉兆の話なんですよ」

Aさんが自死してから、伊佐川医師がいつも思い出すことがあるという。

それは綱引きから始まる、Aさんの妄想の話である。

綱が切れたのは不吉の前兆。しかしAさんはそれを、一般の沖縄の人間が関連付けるであろう首里城の火災とは結び付けなかった。

もっと酷いものが、疫病がやってくると言ったのである。

「今の世界はどうだろうって考えるとね。私、寝れないんですよ。職場の連中にはこんなこと言いませんけどね」

Ａさんの寝ていたベッドは、なぜかいろんな患者が嫌がるので、廊下の端にずっと置かれている。

一度夜勤の時に、伊佐川医師はそこにＡさんが横たわって、自分の名前を呼んでいるのを聞いたことがあるという。暗い廊下を歩きながら、Ａさんのような影がベッドから起き上がって、それからスライドを重ねて見ている様に、その姿はぼやけて見えなくなった。

「その先を聞きたかったですよ。これから世界がどうなるのかってね。誰にわかります？　正直なところ、世に言う預言者っていないとは思いますよ。でも彼の個人的な見解はなぜか聞いてみたいんです」

今でも下手くそなボールペン字で書かれた、綱引きの切れた日時が記した紙を、伊佐川医師は財布の中に大切にしまい込んでいる。

キーヌシー

北部の集落での話である。

宜野座（ぎのざ）さんという男性が朝方、ふいに目を覚ました。窓の外はまだ暗い。だがどこかでコーンコーンという、まるで木を伐るような音が聞こえてくる。

「ああ、誰かが死ぬな」と宜野座さんは思った。

キーヌシー（木の精）と呼ばれるものが、集落の誰かが天に召される時に必ず先だってそれを知らせる音なのである。コーンコーンという気色の悪い音色はずっと朝方まで続いていた。

朝六時になると、宜野座さんは家を出て、自分の畑の農作業小屋へ向かった。手伝ってくれている数人の男たちが、浮かない顔で宜野座さんを出迎えた。

「主（ヌシ）（畑の所有者に対する呼称）よ、さっき連絡があって、與古田（よこた）の家のオジイが亡くなったらしい」

　一人がそんなことを言った。

「ああ、そんな気はしてたよ」と宜野座さんは言った。

「昨晩よ、主は聞いたか。あの音よ」

「ああ、キーヌシーばーてー」宜野座さんは言った。

「ずっと聞こえてた」

　農作業を手伝ってくれる男性は頷くと、厳しい表情で小屋から出て行った。


　実は宜野座さんがその音を聞くのは、これが初めてではない。まだ幼い頃、よくこの音を聞いたものだ。大抵は午前三時ぐらいから聞こえてくる、森を覆う霧のように集落を包み込む音。それは必ず集落の西側にある森から聞こえてきた。

　子どもの頃に一度だけおかしなものを見た。コーンコーンという音に起こされた宜野座さんは、一人で朝早く外に出て、森の入口まで歩いて行った。

　すると森の中に真っ白くてぼんやりしたヒトガタのものがいた。それは宜野座さんを見つけると、長い腕で何度も何度も「おいで、おいで」をした。

怖くなり、家へと走って帰った宜野座さんは、それから発熱に襲われて倒れてしまった。医者に行ったが、「ここでは治せん」と言われた。

「那覇に行きなさい」

でも当時の宜野座さんの家には那覇の医者に診てもらう金などない。そこで集落の神人に見てもらった。

「あんたにはキーヌシーがとり憑いている」と言われた。

そしてその時に変なことを言われたという。

「この子は、ずっとその音を聞くことになる。そういう力があるよ」

そして神人がお祓いをすると、熱は驚くほど急激に引いていった。

それ以来、集落で誰かが死ぬと、必ずその音が聞こえるようになった。

木を伐るような音。だが宜野座さんにはそれは木を伐るというよりも、人のマブイ（魂）が倒れる音に聞こえた。断末魔の悲鳴のようなものだ。マブイが消滅する際の、キーヌシーの悲しみの叫び声なのだ。

そんな宜野座さんは、昨年再びその音を聞いた。夜寝ていると、その音は聞こえてきた。だが森の中ではなく、家の中で聞こえている。木造建築の家がコーンコーンと泣いているのだ。

「ああ、もしかしたら私が死ぬのかも知れない」

朝起きると、宜野座さんは家族にそのことをはっきりと伝えた。

「またまたお父さん、迷信深いことばっかり」と二十歳の娘がそんなことを言った。

その日の夜、集落を雷雨が襲い、雷が森の中に落ちた。

次の朝、煙を上げる森に入った宜野座さんは、森の中のご神木ともいえるアコウの木が真っ二つになって倒れているのを目にした。倒れている姿を見て、宜野座さんは深い悲しみに襲われてしまった。

「あれは私の身代わりのような気がしていてね」と宜野座さんは語る。

「だからもう少し家族のために頑張らないといけない。そんな気はしていますよ」


そして昨年のことである。集落の者が何人もその音を耳にしたという。いつものキーヌシーの音とは少し違う、奇妙な音だった。ボーッという音に混じって、コーン、コーンというかん高い金属音が聞こえた。かなり大きな音だった。

その音が聞こえた次の夜、首里城が燃えた。

「もしかしたら偶然かも知れませんが。集落のものはみんな、あれがそうだったってわかっています。首里城は人間ではないが、沖縄の精神が宿っていた。それにもともと首里城を最初に作った際には、この集落の木も使ったという記録がある。沖縄はぜんぶ繋がっているんです。これはそういう話です」

キーヌシーはおそらく、まだ森の中にいるのだろう。

気配しか感じられなくても、それは確かにそこにいるのだ。

「それを我々は昔からカミと呼んでいるが、最近ではそういうことも信じられなくなっている。我々がそれを信じなくなったら、きっとそれがキーヌシーが完全にいなくなる日ですよ。私の目の黒いうちはそんな日は来て欲しくないもんですがね」

そう言って宜野座さんは集落の森を遠い目で眺めた。

簡易爆弾

終戦直後、その離島には海岸線にたくさんの戦争の遺物が残された。海岸線に着弾したが不発となった砲弾もその中の一つである。狡猾(こうかつ)なウチナーンチュは、それらの砲弾を持ち帰り、解体して信管を外し、外側の金属だけを屑鉄屋に持ち込んで換金した。信管および火薬は完全に捨てるか、地元の漁師などに破格の値段で売り飛ばした。

漁師はそれを買い、簡単な導火線を繋げて簡易の爆弾を作り、それを海で爆発させて魚を捕るのである。

勝連(かつれん)の漁師でゲラマオジイという人物がいた。ゲラマとは慶良間(けらま)のことで、多分それが彼の本名だったと思われるが、定かではない。ゲラマオジイは岩礁の内側で火薬を爆発させ、魚を捕るのがうまかった。

ある時、小舟に乗り沖に出てから、火のついた導火線に繋がった爆薬を海に投げた。

ぼちゃん。

それからしばらくして海の中に水柱が上がり、轟音が響き渡った。

しばらく水面を見つめながら、魚が上がってくるのを、今か今かと待ち構える。

と、何かが浮かんできた。

それは何体も何体も浮かんできた。見たこともないような兵隊の屍だった。岩礁の内側を埋め尽くすほどの日本兵の死体だった。

見ていると、やがてその中の何体かが苦しそうにうめきながら立ち上がろうとした。

ゲラマオジイは震えながら小舟を必死で漕いで、浜辺へ向かった。

それから彼は、爆薬で魚を捕るのをあきらめたという。

フナダマ

ゲラマオジイは漁をしながら、いろんなものに追いかけられたと、付近の者にもらしていた。

「いや、だからよ。それはもう臭(にお)いからして、この世のものじゃなかった」

それはイザリ漁をしていた時のこと。イザリとは夜間に松明(たいまつ)を灯しながら、光に集まってきた魚を捕まえる漁法だが、よく別の船が近寄ってくることがあったという。それは生者の乗る船ではなく、死んだものが乗る船であった。

それをゲラマオジイはフナダマと呼んでいた。フナダマが出る際には、何かが腐敗したかのようなおぞましい臭気が海面を漂ってきたという。

フナダマが出たら、その日の漁はおしまい。とにかくすぐに網を上げて、岸辺を目指す。もし酒を持っていたら、フナダマのためにそれを海に注いでやるのが儀礼だとされていたが、ゲラマオジイはそんなことをする気持ちはさらさらなかった。フナダマに儀礼を尽くしても、マブイ（魂）を捕る者は確実に相手のそれを捕るのである。情け容赦はなかった。フナダマが現れたら、とにかく逃げることだ。


その夜は特に霧の濃い夜であった。湿度も半端なく高い。

イザリの松明がめらめらと燃えてはいたが、時々風に乗っておかしな臭気が西から漂ってくる。これはあまり良くない兆候かもしれない。ゲラマオジイはそろそろ岸辺に帰ろうかと準備をしていた。

と、船が妙な揺れ方をした。まるで誰かに両側から捕まえられて、そのまま沖に移動しているような感覚だった。船の下を明かりで照らすと、真っ白い別の船の影が、ゆらゆらと水中を進んでいるのが見えた。

「フナダマやっさ！　イチデージナトーン（一大事だ）……」

ゲラマオジイは蒼くなりながら、必死に網を上げた。ところが網は途中で岩にでも引っかかったのか、まったく上がってこようとしない。ゲラマオジイは網を上げるのを放棄し、船を漕いで岸辺に戻ることにした。

バシャバシャと水しぶきを上げて格闘すること十分ほどで、小舟は岸辺に着いた。すぐさま浅瀬の中に飛び降り、小舟をひっぱって陸地に上げ、魚の入ったバーキ（籠）をかついで家に戻った。そして家に入ると鍵を閉め、すぐさま布団にもぐりこんだ。外ではなにやら物音がしていたが、気にしないことにした。耳を塞いで、とにかく眠った。

次の日の朝、ゲラマオジイが家の外に出てみると、ティーダ（太陽）はカンカン照りなのに、家の周囲にだけ濡れそぼった足跡が無数についていた。数えてみると十人以上の数になった。それは海から続いており、ゲラマオジイの家の周りをぐるっと回ってから、家の敷地内にあった井戸のあたりで消えていた。

それがあってから、ゲラマオジイは漁に出る際にシマー（泡盛）を必ず一瓶携帯するようになった。無論自分で飲むわけではない。

これはフナダマに捧げるものであった。

見えない世界は、すぐ横に存在していたのである。それをないがしろにするとどうなるか、ゲラマオジイは身をもって知ったのだろう。

マブイグミの呪文

石垣（いしがき）さんはある日事故に遭った。

国道五十八号線の北谷（ちゃたん）あたり、雨の日バイクで走っていて、スリップしてしまったのだ。

さいわい深夜だったので、後続車もなく、打撲と二週間の怪我ですんだ。ところが病院に運ばれた次の日から、体調がおかしい。

医者にそのことを告げると、ＣＴで内臓の検査までされたが、どこにも異常は認められない。だが頭は重いし、身体中がだるくて、まるで人生を生きているような気がしない。心が空っぽなのである。

入院して三日目、石垣さんは亡くなったオバアが常日頃口にしていたある言葉を思い出した。

「人間はよ、驚いたりしたらマブイ（魂）が逃げるんだよ。逃げたマブイは、その場所に行って持って帰らんといけんさ」

石垣さんのオバアはいつもこの「逃げる」という表現を好んで使った。曰く「クーラー（冷気）が逃げるから窓を閉めなさい」だの、「ジン（銭）が逃げるから財布の中にはレシートをたくさん入れたらだめだよ」だの、「マブイが逃げたら追いかけないといけないよ」だの、しょっちゅうそんな表現を使っていた。

その時は「へえー、そんなことがあるんだ」という気持ちだったが、いざ自分がそのような状況に陥ってしまうと、いてもたってもいられなくなった。

退院したら絶対に北谷の事故現場に行かないと。

そう強く願うようになった。

二週間後、ようやく退院できた石垣さんは、同棲していた純子さんに車に乗せてもらって、北谷の事故現場へ向かった。

そこで見よう見まねで、いろんな人から聞いた話を元に、こんなことをした。

まず現場に着いたら、座ってから拝む。

そこに自分のマブイがあると信じて、手で「おいでおいで」をしながらこんな言葉を呟く。

「マブヤーマブヤー、ウティクーヨー（魂よ、私の後を追ってきなさい）」

それを三回繰り返す。

それから一番近いところにある石を三つ拾う。

いや、拾おうとしたが、なかなかこれが大変だった。

国道なので、石など落ちていないのである。

それでも側溝の角などにあった小石を、どうにか三つほど拾うことが出来た。

三つ目は明らかに何かのガラス片だったが、それ以上小石が見つからなかったので、仕方なくそれもポケットに入れた。

そしてアパートに戻り、純子さんに握り飯と魚のお汁を作ってもらった。

握り飯を食べる前に、オバアがよく言っていた言葉を繰りかえした。

「マブヤーメー（魂の米）、マブヤーイシー（魂の石）、マブヤーマブヤー、ウーティクーヨー」

そして握り飯を食べ、お汁を飲んだ。今までに彼女が作ってくれたご飯の中でこんなにおいしいものはなかった。石垣さんは純子さんに感謝をして、その日は終わった。

変化が見られたのはそれから三日後のことだった。

退院してから初めて病院に行った帰り、純子さんの運転する車で道路を走っていた。するとと急に、意識は起きているのに夢のような映像が心の中に再生された。

それは自分が車を運転しており、悲鳴を上げながら一回転してそのまま凄まじい音と共に道路をすべっていく映像だった。

「どうしたの！」石垣さんの様子がおかしいのに気づいた純子さんが、車を路肩に停めながら叫んでいた。

「事故だ！」と石垣さんは叫んだ。

「どこで？」

「この車が事故った！」

「何を言ってるの？」

「車が一回転した」

「してないでしょ。何言ってるの？」

純子さんの言う通り、車は一回転などしていなかった。普通にハザードをつけて路肩に停車している。それに石垣さんは助手席に座っているが、白昼夢の中では確かにハンドルを握っていた。

「運転していて事故った。真っ黒いスカイラインだった」

「あなた車持っていないでしょ。バイクだけじゃないの」

「でも確かに運転してた」

「してないってば」

その日は純子さんがなだめて家まで帰ったが、夜寝ている時にもおかしな夢が石垣さんを襲った。

昼に見たのと同じ事故の夢、そして自分がベッドの中でうめいている。

「座間味（ざまみ）さん」と知らない名前で呼ばれる。

ベッドには、知らない男性が人工呼吸器を付けられている。石垣さんは、それを自分だと感じているが、その様子を俯瞰でも見ている。そしてもう一人、ベッドに横たわっているのと同じ若い男性が、ベッドのそばで立ち尽くしながらじっと眺めている。心電図の音が止まり、家族らしき者たちが泣きながらベッドに駆け寄る。

あれは、自分なのかな？

しかし自分はあんなに若くない。ベッドの上の若者はどうみても十六歳ぐらいの不良にしか見えない。

俺は誰だ？

そして目が覚める。

その日の朝はなぜか、バターを塗った食パンが食べたくなった。

「あなた、食パンなんて一度も食べたことないじゃない。俺はご飯派だっていつも言ってたのに」純子さんが不審そうに言う。

「だって食べたいんだのに。ダメか？」

「ダメじゃないけど、変よ」

別に自分では変だとは思わなかった。毎日パンを食べていたはずだ。ところがこの女はご飯を食べていたなんて抜かしやがる。

というか、この女は一体誰だ？

石垣さんは目の前の彼女が、その瞬間まるで異物のように感じられた。なんか違う。

自分の人生を生きていないような気がする。

それから石垣さんの生活が徐々におかしくなっていった。

毎日はいていたブルーのスニーカーが、二度と見たくないほど滑稽なものに感じられた。バイクにも乗りたいと思わなかった。スカイラインGTに乗りたいと感じ、心の中に一度も浮かんだことのない「ロータスヨーロッパ」という車名が浮かんできた。一度もつけたことのないクロムハーツのネックレスを衝動買いし、一人でキャバレーにも行く始末だった。

「ねえねえ、あなたキャバレーなんて一度も行ったことなかったでしょ。一体どうしちゃったのよ。おかしくない？」

「えーうるさい。お前、イナグ（女）のくせして指図すんな」

そうして言葉遣いまで変わってしまった。純子さんはもうこれではやっていけないと思い、知り合いから那覇に住む一人のユタを紹介してもらった。そしてある日、純子さんは石垣さんを連れて、そのユタのもとへ出向いた。

ユタの高宮城さんは男性で齢八十あまり。白髪で背が高く、鋭い眼光の持ち主であった。

「まあ座れ」と客間に通された二人は、座布団の上に座った。

「それで？　何の用だ」と高宮城さんは威圧的に話し出した。

「からかいなら、すぐに帰ってもらう」

そこで純子さんが「実はこの人なんですけど、事故に遭ってから……」と話し始めた時だった。

「ああ、もういいよ。話さなくて」と高宮城さんが会話を遮った。

「ダメなんですか？」

「違う違う。あんたの彼氏、マブイが違う」

「へ？」

「違うマブイが入っている。あんたたち、マブイグミをしたか？」

「はい、マブヤーマブヤーすることですよね」

「だーるよ（その通り）」

「事故った場所でしました」

「その時何をしたか？」

「ええと、マブヤーマブヤー唱えてから、小石を三つ持ち帰って、握り飯と魚のお汁を飲みました」

「ちょっと待った。その小石見せれ」

純子さんはティッシュに包んだ小石を出して広げた。

「国道には石がなくて、こんなかけらしか……」

「何でこんなもん拾ったか？」

高宮城さんは、明らかにガラス片と思われるものをつまみ、それからおもむろに立ち上がり、窓を開けてそれを庭へ放り投げた。

「あれは違う」

「ええ？　でも彼がそれでもいいって」

「違う。あれは違う。他人のマブイが込められている」

「そうなんですか？」

「あそこで事故をして亡くなった暴走族まがいの高校生だよ、多分。それが行き場をなくして、あんたの彼氏に入りよった。それが原因。あれは明らかに車のフロントガラスだよ。事故をした時に割れたもんだろう」

それから高宮城さんは石垣さんの背中をさすり、何度も「エイッ！」と叫びながら叩いた。何度かすると石垣さんは意識を失い、座布団の上に崩れ落ちた。

「起きるまであんたそばにいて。今日はこのあとお客さんはこないから」

そう言って高宮城さんは部屋を出て行った。

石垣さんはイビキをかきはじめ、しばらくすると純子さんにも眠気が襲ってきた。

二人が同時に目を覚ましたのは夕方の六時前。二人して高宮城さんにお礼を言い、お金を支払って車に戻った。

「あんたさ、別の人のマブイが入っていたって」と純子さんは言った。

「なんか、わかるんだよね」と石垣さんは言った。

「まるで他人の人生みたいだったから」

それにしても、と石垣さんはぼんやりしながら思った。

多分アイツは、自分が死ぬのを心電図のそばで見ていたんだ。どんな気持ちだったのだろう。自分が死ぬ場面をそばで見るというのは。

それ以来、石垣さんはバイクを運転するのをきっぱりとやめてしまった。

マブヤー落とし

高校生の明日香(あすか)さんは那覇のショッピングセンターのフードコートで、座りながら友人たちを待っていた。しばらくすると、その姿を発見した友達が近づいてきて、後ろから大きな声で驚かした。

「アスカッ！」

びっくりした明日香さんは悲鳴を上げて、固まってしまった。心臓がバクバクして、本当に死んでしまうとさえ思った。でも友人たちはそ知らぬ顔で「さあ明日香、映画観に行こう」と言う。まだ心臓の鼓動が治まらない明日香さんは、それでも取り繕いながら「ああ、びっくりした。もうやめてね」と友人たちにそれとなく伝えた。しかし友人たちはそんなことお構いなしである。

その日の夜、家に帰っても、心臓の動悸はなぜか治まらなかった。そして心をどこかに置き忘れた感じがした。肉体はここにあるのに、心はどこか遠い異国の地にいるようだった。

一週間ほど、そんな状態だった。さらに一週間後、体調を壊し、ベッドから起き上がれなくなってしまった。

それからしばらく学校を休んだのだが、おかしなことが頻発した。

町中で明日香さんを見た人という人が続々と現れたのである。

曰く「明日香がショッピングセンターのフードコートの机の前で座っていた」だの、「糸満(いとまん)市を青白い顔でうつむきながら歩いていた」だの、「那覇空港のコンビニで明日香を見たけど、声をかけたら消えてなくなった」だの、場所は広範囲に渡っていた。

そのことを母親に話すと、こんなことを言われた。

「あんたよ、調子悪くなる前に何かおかしなことなかった？」

そういえば、と明日香さんは思い出した。フードコートで友達から驚かされて以来、心ここにあらずという状態でフラフラしているし、未だに心臓がバクバクしている。それを聞いた母親は、こう続けた。

「あんた、それはマブヤーを落としたってことよ。すぐに拾ってきなさい」

そこで母親に連れられて、あの日驚かされたフードコートに向かい、同じ椅子に座り、こんなことを唱えさせられた。

「マブヤー、マブヤー、ウティキミソーチ（魂よ、私についてきなさい）」

そして家に帰ってから、沖縄の伝統にのっとって暖かい握り飯と魚の汁を飲んだ。

「どう、これでマブヤーが元に戻って、ちゃんとくっついたでしょ？」

そう母親から聞かれて「ええ、大丈夫みたい」と明日香さんは答えたのだが、後日、どうも様子がおかしいことに気がついた。

なぜか変な夢をみるのである。

どこかの知らない小学校の校庭に、一人でぽつんと立っている。と、向こう側に赤いワンピースを着た幼稚園児くらいのおかっぱの女の子が立っている。

するといきなり彼女は走ってきて、明日香さんをサッカーボールのように、ポーンと蹴り上げるのである。

弧を描きながら明日香さんは空中に飛び上がり、地面に落ちる前に目が覚める、という夢を何度も見た。

「ねえね、お母さん」とある日、明日香さんは母親に相談した。

「どうも私のマブヤー、少しだけ帰ってきてないみたい。変な小学校の夢を見るんだけど、そこでサッカーボールみたいに女の子に蹴られているの」

それを聞いた母親は、人脈を使っていろんなユタや霊能者の助けを借りて、その小学校を特定しようといろいろ手を尽くしたのだが、結局見つけることができなかった。

「だから今でも私はその夢見ます。そして私のマブヤーの一部分は、どこかの小学校にいて、その女の子に蹴られ続けているんです」

どうやらその夢に出てくるマブヤーは明日香さんのものだけではなく、たくさんのはぐれたマブヤーがその校庭に集められているようである。その正体不明の女の子は、それらを集めて毎日遊んでいるようだ。

その小学校がどこにあるのかは、明日香さんにはわからないという。

イッチョイグワー

伊集（いじゅ）さんには小学生の娘がいて、ある日の午前中に学校から迎えに来てくださいと電話がかかってきた。どうやら娘が体育の授業中に熱を出してしまったようだった。そこで伊集さんは車に乗って小学校へ向かった。田舎の小学校だったので門を入ってすぐ右側に大きな駐車場があり、そこに車を乗り入れて保健室へと向かった。

保健室に着くと、娘はだるそうに天井を見上げていて、担任の先生もすぐにやってきた。

「体育の授業をしているときに、ふらついてしまったようで」と担任の先生が言った。

「すぐに熱を測ったら、三十七度五分で辛そうでした」

「ありがとうございます。連れて帰りますね」

伊集さんはそう言って、娘の手を引き、校舎から出た。

「どうしたの？　風邪かなあ」と伊集さんは歩きながら優しく語りかけた。

「ううん、あのね、体育してたの。そしたらね」そう言って娘が広い運動場を指差した。

「知らない女の子が走ってきて、変なこと言いよった」

「なんて？」

「マブイちょうだいって」

「本当にそんなこと言ったの？」びっくりして伊集さんは聞き返してしまった。

「そうだよ。いやだって言ったら、こう、両手で、バンッって突き飛ばしよったから、倒れちゃった」

　それから娘は校庭を指差して、急に大きな声でこんなことを言った。

「あ、あの子だ！」

　伊集さんが見ると、誰もいない校庭の端に置かれたサッカーゴールのところに、年のころ五歳くらいの小さな少女がぽつんと立っていた。真っ赤なワンピースを着て、髪の毛はおかっぱ。伊集さんたちに向かって手を振りながら、ピョンピョンと飛び跳ねている。

「知り合いなの？」と彼女は娘に聞いた。

「ぜんぜん」と娘は答えた。

じっと見つめていると、その少女の周りには、黒いサッカーボールのようなものがいくつも置かれてあり、やにわに動き出したかと思うと、その中の一つを思いっきりポーンと蹴り上げた。

それはくるくると中空を回転しながら飛び上がったのだが、伊集さんはそれを見てすぐに悲鳴を上げた。

少女が蹴り上げたのは、明らかに五分刈りの頭をした男性の頭部だった。娘もそれに気づいて、小さく「いやー」と言った。

蹴り上げられた頭部はうつろな表情のままグラウンドに落下し、少女はそのままサッカーゴールの裏の雑木林の中へと消えていった。それにつれて蜃気楼のように、いくつもの生首も消えていった。

伊集さんと娘は震えながら車まで急いで走って、すぐさま学校を出た。

家に帰ると伊集さんは娘に塩を舐めさせ、そのまま自身と娘の身体にも塩をかけ、外に出て車にも塩を投げつけた。

「あの少女が何者なのか私にはさっぱりわかりませんが」と伊集さんは言った。

「そう言えばうちのオバアが、よくイッチョイグヮーの話をしていたんです。イッチョイグヮーっておかっぱで着物を着た女の子のマジムン（魔物）なんですが、本当は夜に現れて、死者が出る家に行くらしいんですけど、オバアは『あれだねえ、小学校にも出るようになったねえ』って。どういうことかと聞くと、『あれよ、孫の学校になぜかいたさ』って。覚えているのはそれだけですけど、たぶんアレはそれなんじゃないだろうかって」

今でも伊集さんは体育の授業がある時には、必ず娘に塩を持たせるという。

マージャーは真夜中に舞う

戦前の話である。

大里（おおざと）さんという漁師の男性が、南城市玉城（なんじょうしたまぐすく）の垣花（かきのはな）集落あたりに住んでいた。

大里さんは毎朝早くに漁に出かけたのだが、その際に夜空におかしな光がいくつも舞うのを見たという。

玉城では、そのような光の群れのことを、マージャーと呼んでいた。

夜になるとマージャーは志喜屋（しきや）浜あたりから急に現れて、そのまま垣花城址のあたりまで塊（かたまり）となって飛来し、大空を覆い尽くすほどのまぶしい無数の光球が、まるで綱引きをするように海辺から山地へと果てしなく移動していたのだという。

マージャーに関わるとマブイを取られると信じられ、もしそれを見ても見ない振りをするか、その時間に出歩かないことだといわれていた。

しかし漁師はその時間、かなりの確率でマージャーと遭遇した。夜に漁をするものは船からそれを眺め、早朝に船出するものは、マージャーの飛び交う中、支度をせねばならなかった。

ある夜のこと、いつものように深夜に起き、漁の準備をするために大里さんは日の出る前に家を出た。大里さんが船を置いている港は山を下りた先の集落にあった。

山を下りていると、海の方から無数の炎の集団がいっせいに上がってくるのが見えた。

その日のマージャーはいつもより低空なのか、思わず手を伸ばしたら届きそうなところを飛んでいた。大里さんはたまたま投網を握っていた。投網に穴が開いたため、持って帰って修理をしたのである。ふと、手に持っている網を眺めた大里さんは、こんなことを思ってしまった。

「こいつを投げたら、捕まえられるかも……」

大里さんはしばらくためらっていたが、好奇心には勝てなかった。山に登ったマージャーの集団が降りてくるところを見計らって、手に持った投網を夜の空へ向かって思いっきり投げた。

「えいやっ！」

投網はそのまま地面の上に落ちたが、なんとそこには眩いばかりの火球が入っていた。

「マージャーやっさ！」大里さんは歓喜の叫び声を上げた。

「マージャー！　マージャー！」

そしてそのまま漁に行くのをあきらめ、そのまま光る投網を担いで、大里さんは家に戻った。

「えーイナグ（女性。妻のこと）よ、凄いものを捕まえたぞ」

寝ていた奥さんは寝ぼけ眼で言った。

「またあんたは夢でも見たんでしょ」

「違う違う。外に出てこれを見ろ。マージャーを捕まえた」

奥さんがぼんやり眺めると、確かにくしゃくしゃになった投網の中で何かが光っていた。しかし急に眠気に襲われ、そのまま布団の中にもぐりこんだ。

「あなた、明日見ますね」

「おし、わかったぁ。こいつはガラス瓶の中にしまっておくから。明日区長とか、みんなを呼んでこいつを見せびらかすぞ！」

そう言って大里さんは家の倉庫に向かって投網を引きずっていった。

次の日、奥さんが目覚めると、家の近所がなんだか静かである。人の声も、風のそよぐ音も、小鳥のさえずりさえ聞こえない。気色悪いほどの静寂があたりを覆っている。

そろそろと起き上がると夫を探して庭に出て、そのまま倉庫へ向かった。木造の倉庫は扉が開いており、そこに投網と一緒に夫が倒れているのが見えた。大里さんは心臓が停止しており、すでに息はなかった。ガラス瓶は割れて、中はどす黒く焦げていた。

カカイムン

その大里さんの家系の人たちが、今でも志喜屋あたりに暮らしている。その家系では、お盆に行うちょっと変わった風習のようなものがあったという。

現在、那覇市に住んでいる大里アキさんは、毎年のシーミー（沖縄の御盆）の時に、自分たちのお墓の前で、親戚縁者が白い饅頭（まんじゅう）三個を用意して、それを網で被せて敷地内で薪で燃やすという行為を何度も目撃した。

どうしてそんなことをするのか、まだ幼かったアキさんは意味がわからなかった。

「これはうちの家系のものが、マージャーを捕まえたからだよ」

ある日、オバアがそんなことをアキさんに教えてくれたのを思い出す。

しかし何年も経つとその話を知っているものは絶え、いつのまにかシーミーで饅頭三個に網を被せて薪で焼くという行為そのものが忘れられてしまった。

ところが平成になってからこんなことがあった。

大里の直系の男性がある日おかしくなってしまった。公務員であったのだが、仕事中に地下のボイラー室に篭ったまま出てこなくなってしまった。その後、精神を壊してしまった。理由はわからないが、家族はみんな、彼がカカイムンになってしまったと噂した。カカイムンとは何かに取り憑かれるという意味である。

アキさんはその親戚の話は聞いていたのだが、その年のシーミーで親戚一同が集まった時に彼がいたのでびっくりしてしまった。入院してかなり重篤な状態だと聞いていたのである。見ていると、まだ様子は回復しておらず、時折うわごとを喋り、いきなり関係ない方向を見て笑ったりしていた。

そのシーミーの最後に、大里の親戚を取りまとめているオジイがこんなことを言った。

「今日はこれをします」

そう言って彼が手にしたのは、饅頭が三個載ったお皿と、白い網状の布であった。

「網はこれで代用します。これがなにか知っている人は？」

五人ほどが手を上げた。若いものはもちろんそんな慣習があったことは知らない。

そこで墓の横の草むらに移動し、枯れ枝を持ち寄ってその上に饅頭を置き、網を被せてからバーナーで火をつけた。

枯れ枝は激しく燃えて、網状の布はすぐに丸まってしまい、饅頭は最終的には原型を留めたまま真っ黒な塊と化した。

オジイは饅頭の一つを菜箸で取り上げて、カカイムンしている男性にそれを食べさせようとした。真っ黒い饅頭を食べるのを彼は嫌がったが、最終的には強制されてそれを一口食べた。そして結局一個まるまる平らげてしまった。

その後、男性はすぐに回復し、しばらくして公務員として仕事に復帰したという。


シーミーから半年後のこと。用事があって実家に帰った大里ミカさんは、夜遅くそこを出て那覇に向かった。ところが帰ろうとしている時に志喜屋のあたりを走っていると、夜空に流星のような光がいくつか走るのが見えた。

「あ、マージャー……」

思わずそう呟いてしまい、車を路肩に停めて、夜空を見上げた。

それは暗黒の闇の中を飛び交う火花のようで、数は五個ぐらいと少なかったが、非常に幻想的な光を放っていた。怖さは少しも感じられなかった。

また自らの意思があるかのように、左、右、左、右と縦横無尽に夜空を飛び回っていたという。網があったら、ぜひ捕まえてみたいと感じた。

次の瞬間ミカさんはこんなことを思った。

あらやだ、うちの祖先の二の舞になっちゃうわね。

マージャーはしばらくの間、夜空を小さく照らし出しながら、美しく輝き続けていたという。

カサカサ

もう六十歳になる城間(しろま)さんの住んでいる集落には、自治会で管理しているウタキがある。自治会のメンバーは順番でそのウタキの掃除をすることになっていた。

ある朝、いつものように城間さんは竹箒(ぼうき)とちりとりとゴミ袋を持ってウタキへ向かった。ウタキの入口で頭を下げ、「今日もよろしくお願いします。子どもたちが通学中、事故に遭いませんように」とお祈りしてから中に入った。

入口に戦時中に作られた鳥居があり、そこをくぐり抜けると両側には滝木の生い茂る林、その向こう側に二メートルくらいの大きさの祠があった。土帝君(トーティークン)と呼ばれる農耕の神様と、ヒヌカンと呼ばれる火の神様、そして由来のわからない「カンノン」とだけ書かれた石が祀られてあった。

その祠の前には石畳があり、城間さんはまず箒で丁寧に石畳の上の枯葉を集め始めた。

すると箒の音ではない、なにやらカサカサという音がどこからか聞こえてくる。なんだろうと城間さんは箒を掃く手を止めた。

どうやら祠に向かって右側の滝木の間から、カサコソという音が聞こえてくるようだ。ヤドカリかな、と城間さんは思った。時折オカヤドカリが枯葉の中で動くと、不審な音に聞こえることがあるからだ。城間さんはオカヤドカリを捕まえようと、音のする枯れ葉の溜まった場所を箒で掃いてみた。

すると枯葉の下にオカヤドカリはいなかった。

代わりにそこにあったのは、かなり大きな人間の二つの眼であった。

両目がまばたきをしていた。大きなまつげに枯葉がはさまり、カサコソと音を立てていた。その目は赤く血走っていた。


昔、このあたりを荒らしまわったフェーレー（おいはぎ）が、村人に退治されてそのあたりに埋まっているという伝承が残っていた。おいはぎなので墓標も何もなく、ただ毎年そのあたりにわざと枯葉やゴミを集めて、死者に対する嫌がらせなのか、そのままにしておくという風習がいつの間にか定着していた。

それからのち、小さな石像が供養のためにその場所に置かれたが、しばらくすると必ず倒れてしまった。それで集落の人は石像を地面に寝かせて置いたが、誰かが持ち去ってしまったのか、いつのまにか石像そのものが消えてしまったという。

第二部　チルダーキ、そのほかの話

お盆を運ぶ

首里の金城(きんじょう)ダムの上には、目に見えない霊の通り道、すなわち霊道があると言われている。

元警察官の砂川(すながわ)さんは、現役パトロール中、よく変なものを見た。

夕暮れ時、金城ダムの横の道を走っていると、空に人が浮かんでいる。たぶん地上から百メートルぐらいの場所に、黒っぽい着物を羽織り、両手に黒いお盆を抱えた長い髪の女性が、その格好のまま横にスーッと移動していく。

「おい、お前、あれが見えるか?」

助手席にいた砂川さんは、ハンドルを握っている新任の相棒に声をかけた。

「なんですか砂川さん、また何か見えるんですか?」

「あれよ、ダムの上に人が浮かんでいるさ」

するとと驚いたことに、その相棒はチラッとそっちを見てからこんなことを言った。

「お盆を持ってどこに行くんですかね」

「さあなあ。首里城じゃないか……っていうか、お前にも見えるのか？」

「あれは、はっきり見えますよね」相棒もそんなことを言った。

だが空中に浮かんでいる人など日誌に書き残してもあまり意味がない。二人はそのままパトロールを続けた。


その後も何度かその姿を見たことがあったが、一度だけこんなことがあった。

非番だった日の朝、金城ダムの横を通った。するとくだんの女性がお盆を抱えてダムの上に浮かんでいる。

ところが今日はどこにも移動する気配がなく、ダムの橋のところで停止しているように見えた。

「何かやー？」

砂川さんも気になって車を停めた。

すると砂川さんとその女は視線が合った。

女はあごでダムの方を示すと、軽くお辞儀してそのまま姿を消してしまった。
なんだろう、と思ったが、砂川さんは仕方なくそのまま車を走らせた。
その日は午後から出勤すると、砂川さんは相棒からこんな話を聞かされた。
午前中に変死体が発見され、自殺か他殺か今のところわからない。
そして死体の発見場所は金城ダムの中だという。
お盆の女性があごで示した、あの場所だった。

アチキとヌルキの女

沖縄では子供が満一歳になると、タンカーユーエーという祝い事を行う。

まず家の仏壇に三本のヒラウコー（六本一組になった沖縄独自の線香）を立てる。親戚縁者が家に集まり、赤飯を炊き、赤子に贈り物を持ち寄る。それは赤飯、そろばん、筆、本、お金など、将来の職業に関する贈り物で、最初に触れたものがその子の将来を予見するという、そんな祝い事であった。

佐敷（さしき）明子さんの家でも娘のミクちゃんが満一歳を迎えたので、親戚十数名を呼んでタンカーユーエーが行われることになった。

ミクちゃんは笑顔のたえない可愛い女の子であったので、親戚はぬいぐるみや人形など、女の子らしい贈り物を沢山持ち寄っていた。

その日ミクちゃんの将来を占うものとして置かれたのは、そろばんの代わりに電卓、文庫本、財布、祖父が役所に勤めているので職場から持ってきた報告書の束、そして一生食べるものに困らないようにという願を込めて山盛りの赤飯が置かれた。

親戚一同はそれらの後ろに座り、反対側に寝かせたミクちゃんを必死で呼んだ。

「さあおいでミク。こっちだよ！」

明子さんも必死になって自分の娘を呼んだ。横にいた祖父は安定した役所勤めになって欲しくて、一生懸命報告書の束のもとに娘を誘導した。

やがて大人たちの歓声に気づいたミクちゃんは、ニコニコした顔を向けながら、親戚たちに向かってハイハイしながら進み始めた。

と、その時奇妙なことが起きた。

ハイハイしていたミクちゃんが、いきなり畳の上三十センチくらいに浮かび上がったかと思うと、そのままくるりと二回転し、どすんと落下してしまったという。

明子さんは悲鳴を上げながらも何が起こったかさっぱりわからず、急いで我が子を抱きかかえると、無事かどうか確かめた。親戚たちも訳がわからず悲鳴を上げたり、騒いだりしている。

ミクちゃんはどうかと見ると、いつもの通りニコニコして涎をたらしていた。

　その夜は意味がわからず、タンカーユーエーはそれで終わってしまった。

　そのような不思議なことが起こったので、後日、祖父たちに連れられて、明子さんとミクちゃんは具志川市のユタのものに連れて行かれた。

「ワラビン（子どものこと）、タンカーユーエーしてたら、二回転しよってからに、浮かび上がって……」祖父がユタに興奮した口調でそんなことを言った。

「この子はよ、アチキとヌルキの子やいびーん」

「は？」と祖父も明子さんも聞き返した。

「アチキとヌルキ」とユタは繰り返した。

「どういう意味ですか？」

「アチキは熱があるということ。ヌルキは熱が引くということ」とユタは方言を丁寧に説明した。

「それが、この子とどんな関わりがあるんでしょう？」明子さんはひどく心配になってしまい、そう尋ねた。

「ナトォン（そうだよ）」とユタが言った。

「ナトォン？　何がそうなんですか？」

「はい、もう終わり。今日はカミミーだからお金はいらない」

「カミミー？」

「神様のために見ること。この子はカミングヮ（神の子）だからよ。人の命を沢山救うだろう。そういう星の元に生まれた子だよ」

祖父と明子さんたちは、ユタからそんなトンチンカンなことを言われて、家から出された。その時明子さんはユタの言った言葉を一ミリも理解できなかった。


そのミクちゃんも、今年でもう二十八歳になる。

意味がわかったのは、つい最近だという。彼女は医者になり、病院で働いているが、患者を検査するために熱を測ったり、上がっていたら解熱剤を処方し、ＣＴを撮るために患者を台に乗せ一回転させたり、そんなことをしているという。

「二十歳の頃、そのユタの話をお世話になっている先生にしたら、それ以来アチキとヌルキの女ってあだ名で呼ばれるようになりました。え、それからですか？　一回転したことは記憶にある限りありませんよ」

ウヤファーフジとブサーの対決

読谷村（よみたんそん）での話である。

菊農家の津堅（つけん）さんは、ある時自分の畑の境界線を決めるために、何本かの杭を畑に打った。

そして知り合いの農業ハウス専門の工務店に話をして、そこにマンゴー栽培用のビニールハウスを建てることにした。

打ち合わせも終わった、その夜のことである。

津堅さんはおかしな夢を見た。

夜中、フラフラした足取りで自分の畑の中を歩いている。すると、前方にビニールハウスの予定地を囲んだ杭が見えてきて、そこに何人かの人間が立ち尽くしているのを見た。

見るとみんな琉装という古い格好をした士族階級のものらしい男性ばかりだった。琉球のちょんまげであるカタカシラを結わえている。

「あんたよ」と琉装の男性が津堅さんに文句を言った。

「これ、邪魔であるから、どけなさい」

「どけなさいって？　ここにはマンゴーハウスを作るばーてー、あんたたちには関係のない話やっさ」夢の中で津堅さんは語った。

「関係はある。ここは通り道だから杭など打つな」

「えー何を言うか。ここは先祖代々津堅の畑やんどー」

そこで目が覚めた。

朝、畑に行って見ると、打ったはずの杭がすべて引っこ抜かれて倒されていた。

「これは大変ばーてー」

津堅さんは蒼くなってしまった。

すぐに知り合いのユタである嘉美田のオバアを呼んだ。嘉美田のオバアは今帰仁村から軽自動車に乗ってすぐに来てくれた。

「チャービラ（ごめんください）」と嘉美田のオバアは畑に入る時に、誰彼に言うとなくそう呟いた。

「イミソーレー（どうぞお入りください）」と津堅さんは反射的にそのように答えた。

「違う違う、あんたじゃない」と嘉美田のオバアは言った。

「あんたには挨拶したさ。あれにしているわけ」

「あれ？」

「あれさ。そこにいる。ブサー（武士）よ」

そう言いながら、嘉美田のオバアは津堅さんが杭を打ち込んだマンゴーハウス予定地へとずけずけと歩いていく。

「ああ、これね。どうして杭など打ったか？」

嘉美田のオバアがそう聞くので、津堅さんはマンゴーハウス建設の話をした。

「アギジャビヨイ（なんてこった）。別の場所にしなさい」

「他の場所はもう菊を植えているから、ここしかないばーてー」

「やめなさい。ブサーが怒る」

「どうしてブサーが怒るぅ？　ここは先祖代々津堅の畑やいびーん。そんなブサーがいるなんて聞いたことない」

「ここは通り道になっている」

「じゃどうすればいい？」

「これをどけて、別の場所にしなさい」

「ううん、それはできん。ここだと水も電気もすぐ取れるから、別の場所は考えにくい」

「でも仕方ないさ。ブサーがそう言うんだのに」

「どうして？　ブサーの言いなりか？」

あくまで嘉美田のオバアの言う言葉に反対してしまったので、とうとうオバアはへそを曲げてしまった。

「いいかい。この土地にはブサーの霊が眠っているから、彼らを傷つけるんじゃないよ。そうすればあんたにも不利益が出る。そうならないように私は仲立ちをしているんだよ」

そう言われても、もうここにマンゴーハウスを作ることは決定しているし、工務店にも話をつけた。いまさら場所を変えるのは何か負けた感じがして嫌だった。

「私は場所を変えない」

津堅さんは嘉美田のオバアにそう宣言した。

「えー、あんたは強情さ。強情」

あきれて嘉美田のオバアは今帰仁村へ帰ってしまった。


それからしばらくした夜のこと。

スナックで飲んでから、徒歩で家に帰る途中の津堅さんは、自分の畑を見てびっくりしてしまった。誰かがマンゴーハウス建設予定地あたりを、ぐるぐる円を描きながら走り回っている。電照菊の照明のせいで、その姿がはっきりと見えた。

「おい、お前！」と津堅さんは声を荒げた。

「私（ワッター）の畑で何している？」

そして畑へ続く道を走って、その場へ向かった。

そこにいたのは全身真っ黒な人型の影だった。電照菊の連なるランプが身体からすけて見えていた。目も鼻もなく、煙の塊のようだった。それは津堅さんが見ている目前で雲散した。

津堅さんはその場でチビるほどびっくりしてしまったが、それでも彼の気持ちは揺るがなかった。

「ここはワッターの畑であるのに、どうして死んだ人の言うなりにならないといけない？　おかしくないか？」

そこで津堅さんは次の日別の方法をとることにした。

家から車で十五分ほど走った先祖代々の墓に出向いた。そして作法にのっとりウチャトー（お茶）を上げて、かまぼこや昆布などのクワッチー（ごちそう）もお供えし、自分の先祖に向かってこんな話をした。

「ウヤファーフジ（ご先祖様）、どうか聞いてください。今私の畑にマンゴーを育てるためのビニールハウスを作ろうとしたら、どこかの馬の骨ともわからないブサーがきて、邪魔されています。このままではおいしいマンゴーを栽培するどころか、菊の畑さえうまく回せなくなるかもしれません。ウヤファーフジ、どうか助けてください」

それから元屋（ムートゥヤ）と呼ばれる場所にも行った。そこは先祖代々のトートーメー（位牌）の置かれている屋敷で、津堅さんの父からずっと、天孫子（てんそんし）と呼ばれる神様まで遡（さかのぼ）れる系図も残されていた。

そのトートーメーを前にして、津堅さんは同じことをお願いした。

「ウヤファーフジ、私は勝ちたいのです。ウティキミソーチ（ついてきてください）」

そして畑に戻り、こう宣言した。

「ブサー、よく聞け。うちのウヤファーフジを連れてきたから、もううちの畑から出て行け。退散しろ。マンゴーがたくさん出来ても、わけてなんかやらないからな」

そして家に帰って、津堅さんは今日行ったことを全部奥さんと子どもに説明した。

「きっとこれで大丈夫なはずよ。うちのウヤファーフジは強い。絶対に追い出してくれるはず」

そう報告する津堅さんの顔は喜びに満ち溢れ、輝いていたという。家族の誰もが、こんなことになるとは、その時点では想像もできなかった。

次の日、目が覚めると、津堅さんはおかしくなっていた。わけのわからない言葉を喋り、頭を抱えながら、うめき、苦しんで、家のものをめったやたらに壊し始めた。

その日のうちに、津堅さんは救急車で運ばれたが精神を壊してしまい、長期の入院を余儀なくされた。

その後、家族が津堅家の系図を注意深く調べたところ、一七〇〇年代の後期に自分の先祖にたくさんのブサーがいたことがわかった。彼らは首里へ奉公へ行ったのだが、何らかの政治的な理由でみんな殺されてしまい、その遺体は津堅家の畑のあたりに埋葬された、という伝説が残っていることもわかった。つまり津堅さんは自分の先祖をやっつけるために、その先祖にお願いをしていたわけである。

そんなことをされれば先祖だって混乱してしまうだろう。

津堅家の畑はその後荒れ果てて、現在は放棄地となり雑草だけが生い茂っている。マンゴーハウスは建設されることはなかった。津堅家についてはその消息を知るものは、わかっている限り誰もいない。

マヤ汁

沖縄では昔、猫の汁を飲んでいた。

伝承で、猫の汁は喉の病気に効くといい、ぜんそくや気管支炎などの子どもには、オバアたちがこぞって猫汁を作って孫に飲ませていた。

安仁屋（あにや）さんもその一人だった。現在八十歳の安仁屋さんは、小さいころに医者から「あんた、ゼエゼエ（喘息）だねえ」と言われ、それはつまり喉に病気があるということであった。それ以来安仁屋さんのオバアは咳の発作のたびに、どこからか猫を仕入れてきて汁を作り、安仁屋さんは必ずそれを飲まされていた。

現在の那覇市民病院の近くで、猫おじさんと呼ばれていた人物の家があった。猫おじさんの家には看板もなく、目立つ家ではなかったが、近所のものはみんなそこにいけば喉の病気に効く薬膳（やくぜん）が手に入ると知っていた。つまり猫の肉である。

小さい安仁屋さんも、オバアに手を握られて、何度かその家に行った記憶がある。家の中はかび臭くて、普通の木造の家だった。そこで肉屋が食肉を包む緑色のビニールの袋に入れたものをオバアは買い求めた。安仁屋さんはそれが何か知らないまま飲まされていた。

ところが中学生になる頃に、安仁屋さんは咳が出るたびに飲まされる、その汁の中身を、はっきりと知ってしまった。

親はその汁のことをマヤ汁と呼んでいた。ところが安仁屋さんは中学生になるまで、マヤの意味がわからなかった。ヒージャー（ヤギ）かブタか、そんな肉だと思っていたそうである。ところが中学の先生からマヤ汁とはつまり、「マヤー（猫）のおつゆじゃないのか」と指摘され、つまりそれは薬膳として沖縄の人が古来から食べてきた猫汁のことだと理解したのである。

「お母さん、僕はもう二度とマヤ汁は飲まん」

安仁屋さんはある時、母親の前でそう宣言した。その頃にはマヤ汁を積極的に作ってくれていたオバアも亡くなっており、母親もそれ以上何も言わなかった。

高校生になった時に、用事があって那覇市民病院の近くに立ち寄った。記憶を頼りに行くと、猫おじさんの家はまだそこにあった。

緑色の屋根の家だったという。家はがらんとしており、ひと気がなかった。

ところがおかしなものが屋根の上にいた。

全身からシュワシュワと蒸気のようなものを発する一メートルくらいの巨大な薄汚れた猫がいた。蒸気なのかそれとも煙なのか定かではなかった。それは安仁屋さんにちらっと一瞥(いちべつ)をくれると、そのまま屋根の上から反対側へと飛び降りた。

あんな猫は初めて見た。体つきはまるで動物園のメスライオンそっくりだった。

触るときっとフワフワしていそうな、薄汚れてはいるが非常にふさふさした体毛だったという。

風の便りに、猫おじさんは頭がおかしくなって死んでしまったと聞かされたのは大学生の頃である。とにもかくにも安仁屋さんのぜんそくは、マヤ汁が効いたのかその頃にはすっかり良くなっていた。

安仁屋さんは大学生の時に初めて彼女が出来た。現在の奥さんである。大学のあった首里城近くに彼女の実家はあった。

彼女は実家に四匹の猫を飼っていた。全部オス猫で、名前は、ジョン、ポール、ジョージ、リンゴであった。ところが安仁屋さんとその猫が初めて顔を合わせたときに、異変が起こった。

安仁屋さんが彼女の実家に足を踏み入れた途端、玄関で凄まじいくらいの猫の唸り声が響き渡った。それから家の中をギャアギャアわめきながら走り回り、台所はめちゃくちゃにするわ、人に食って掛かって爪あとから血が流れるわで、大変な騒ぎとなった。

「おかしいねえ」と彼女の母親が言った。

「うちのビートルマヤー（ビートルズとマヤーをかけている）はおとなしいはずなんだけどねえ。おかしいねえ」

それから安仁屋さんは彼女と結婚して、そのビートルマヤーも引き取ったのだが、生涯その猫たちは安仁屋さんに懐くことはなかった。いつも安仁屋さんの肩の後ろを睨みつけるか、怯えていたという。

昨年久しぶりに猫おじさんの暮らしていたあたりを散歩した。すでに家はなくなっており、新しいアパートが立っていた。安仁屋さんが歩いていくと、一匹の猫が近寄ってきたが、いきなり顔を見上げると怯えて「シャーッ」と鳴きながら逃げていった。

安仁屋さんには猫に懐かれた記憶が、今まで一度もないという。

ヌスドゥガミ

ええ、多分その時、自分はヌスドゥガミにかかられて（取り憑かれて）いたんだろうと思いますよ、と江洲(えす)さんは答えた。

江洲さんは若い頃、何度も万引きや泥棒で捕まった。常習犯であった。警察署には何度も何度も逮捕されて連行された。知念(ちねん)村の刑務所に一年半も服役していたことがある。

「でもまあ、自分ではいつか抜け出すと思っていたんですがね。でもどうしても足が向くわけです。というか、ああ、多分あそこの家のあの仏壇には、一センチくらい札束の詰まった封筒があるとか、あの家にはスジのモン（ヤクザ）がいるだろうからやめとこうとか、そういう声が心の中で聞こえる気がしていたんです。あとで仲間に聞いたら、やはりあそこはスジの家で、入らなくてよかったなと」

ヌスドゥガミが江洲さんに取り憑いたのは、十五歳の夏のことだったという。

その日、うるま市の比謝川（ひじゃがわ）で泳いでいた江洲さんは、深みのところを泳いでいる途中、いきなり誰かに足をつかまれた。そのまま水中に引き込まれて、息が出来なくなった。

「入るぞ」と声が聞こえた。

気がつくと病院に横たわっていた。水を沢山飲んで一度は心停止したが、救急車の中で息を吹き返したらしい。両親は神の助けだと喜んだが、江洲さんの中にはもっと複雑なものが入り込んでいた。

十八歳の時に再び声が聞こえた。大学のキャンパスを歩いている時だった。

「そこに財布が落ちている。拾え」

角を曲がるとベージュの財布が落ちていた。江洲さんは何のためらいもなくそれを拾うと、家に持って帰った。中には二万円ほどあったが、声に言われるままに自分の指紋を消し、札だけ抜き取って財布は元あった場所へ捨てた。そんなことが何度もあった。

あるいはスーパーでこんな声が聞こえた。

「今だ。盗め」

江洲さんはそのまま商品をポケットに入れて、堂々とスーパーを出た。

あるいは声に命令されてバイクで延々と十キロぐらい走らされるのはざらだった。そのまま知らない集落に行き、ひと気のない農家などに侵入し、言われるがままの場所を物色するとそこにお金があった。そんな暮らしを大学を卒業してからも続けた。

だが二十五歳の時に盗みに入った家を出る時、ふいにヌスドゥガミが身体から出て行くのがわかった。なんだろうと思っていると、付近をパトロールしていた警察に捕まってしまった。

「どうして泥棒なんかするんだ」と取り調べの私服刑事に聞かれて、江洲さんはこう答えたという。

「ヌスドゥガミがそうさせるんです」

「ヌスドゥガミ?」刑事が聞き返した。

「そうです。盗みの神様だから、ヌスドゥガミです」

江洲さんはその瞬間、「ふざけるな!」と怒鳴(どな)られて平手打ちを食らったという。

その後、出所した江洲さんは工事現場で働きながら、またしても盗みを犯した。

「悪いとかそういう感情はありません。盗みが悪いってみんな言いますが、私は神様の言われることをしていただけで、全然そんな気持ちは無かったんです」

そしてまた捕まり、今度は精神鑑定の結果、クレプトマニア（窃盗依存症）と診断され、セラピーを受けることになった。だがそれはまったく江洲さんには効力を発しなかった。セラピーを受けても、ヌスドゥガミは心の中で問いかけてくる。

「あそこの家に金があるぞ。どうする？」

ある日、怖くなった江洲さんは、知り合いにとあるユタを紹介してもらった。沖縄市に住むユタだが旦那さんは本土の人なので、佐藤さんという名前だった。

「あんたには、悪いものが憑いている」と佐藤さんが言った。

「これ、どこで拾ってきたね？」

「比謝川です」江洲さんはその時の顛末を佐藤さんに語った。

「あんたね、それはもっとも悪い神様だよ。ヌスドゥガミって盗人のアクガミ（悪神）だよ。あんた、それでどうしたいね？」

「わかりません。声が聞こえて、我に返った時にはもう盗んだ後なんです」

「アキサミヨ（驚いたね）。あんたね、このヌスドゥガミをどうにかしなさい。比謝川に捨ててきなさい」

「一体どうすれば？」

すると佐藤さんは、ヌスドゥガミを捨てる方法を江洲さんに教えた。

しばらくして、江洲さんはその通りのことをやってみることにした。

一番霊力が強いと言われている普天間神宮の敷地から、小石を一つ拾ってきなさい。

そしてそれを持って、あなたが溺れた場所に行きなさい。

そしてその前で、背中についているヌスドゥガミをその小石に入れてしまって、「元いた場所に帰れ」と言いながら川の中に投げなさい。

江洲さんは川面に立ちながら、普天間神宮から拾ってきた小石を握り締め、「出て行け」と叫んで、それを比謝川に投げようと、した。

投げようとしたところで、また声がして、それはこんなことを言った。

「助けて」

そう声がして、なぜか江洲さんは投げられなくなった。そして心の深いところで何かが爆発し、大粒の涙があふれ出た。

「すまない。お前を捨てるなんて」と江洲さんは大泣きしながら言った。

「ごめんよ。ごめんよ」

　結局江洲さんは、ユタに言われたことを実行することができなかった。


　その後江洲さんはある時、白い四階建てのアパートに目が留まった。沖縄市界隈で当時新しく出来たアパートだった。そこの一階と二階に大家が住んでいて、三階と四階にそれぞれ八部屋があった。

「あ、ここの二階の向かって右奥の仏間に金庫があって、金庫のダイヤルナンバーもその時見えたんです。はっきりとね。すぐにメモしたほどです」

　そしてある日の夜、江洲さんはその家の者が外出したのを見計らって、前もって調べてあった裏側の窓を割って中に侵入した。

　家には誰もいないのがわかっているので、仕事は早かった。ヌスドゥガミが二階へ行けと心の中で催促してくる。そのまま木製の階段を上がると、二階には子供部屋、そしてその奥にはやはり、仏間があった。仏間の横にはモスグリーンの小さな金庫があった。ダイヤル錠でシリンダーが三つあるやつだ。江洲さんはヌスドゥガミに教えられたダイヤルを回した。すぐに感触があった。レバーをまわすと、金庫はすぐに開いた。と、中には妙なものが入っていた。お金ではない。

右腕の欠けた木製の釈迦如来像であった。

全体的に古ぼけて茶色がかっているが、右腕がもげており、そこだけ新しい木の色が露出している。その瞬間、江洲さんにはわかったそうである。

「こいつに入りたいんだな」

そう思った江洲さんは、お金は一銭も盗まずに、片手の無い仏像だけを懐に納めると、そのまま金庫を閉めて家を出た。

家に帰ると、その仏像をそのまま住んでいるアパートの台所に置いた。すると自分に取り憑いているヌスドゥガミが、するりと身体を抜け出て、その仏像の中に入るのがわかった。

次の日のことである。朝、工事現場に出勤しようと家を出ると、そこに私服刑事が五人ほど立っていた。

「逮捕状が出ているぞ」と年配の刑事がそう言った。

これもあらかじめわかっていたことであった。ヌスドゥガミがそう言ったのだ。

取り調べ中、最後の盗みとして、沖縄市の白い四階建てのマンションの二階から仏像を盗んだことを江洲さんは自白した。ヌスドゥガミが中に入りたいから、ということも取り調べの刑事に語った。

後日刑事は沖縄市の地図を持ってきたので、江洲さんは自分の記憶を頼りにアパートの場所を指し示した。すると刑事は「ここに建物はない」と言った。そこは駐車場になっており、戦前は墓しかなかったという。いやそんなことはない、と江洲さんも食い下がった。手錠につながれながら実況見分をした時にも、江洲さんは記憶の通りに場所を警察官に教えた。だが何度行ってもそこには白い建物など存在していなかった。草が半分生えただけの駐車場だった。なので証拠も持ち主もいないため、その件はうやむやになった。

片腕のもげた仏像は今でも江洲さんの家の台所にあるという。

「あれから盗みはまったくしていません」と江洲さんは語った。

「でも時折、心の中で声がするんです。スーパーとかコンビニで、思わず万引きしてしまいそうになる瞬間があるんです。クレプトマニアの人はみんな経験しているはずです。でも盗めって声じゃなくて、こう言うんですよ。『落ち着け、落ち着け、深呼吸しろ。ここを出ろ』おかげでそれ以来再犯はしていません」

現在、江洲さんは依存症のグループホームで働いているという。

ひょこひょこ

主婦の加奈子さんの家は西原町にあるのだが、毎日洗濯物を干すのが恐ろしくて仕方がない。

加奈子さんの家の後ろには古い墓があって、そこはどうやら有名な按司（昔の琉球の市長ぐらいの役職）の墓らしい。沖縄では按司墓はいたるところにあり、信仰の対象になっている場所も数多くあるのだが、この場所はどうやらそうではなさそうで、地域のお年寄りから聞いた話では、この按司は首里城で何かミスを犯したため、出身地である西原町に戻された上に、最期は自害してしまったという。

加奈子さんは昼間、洗濯物を干そうとするたびに、カタカシラ（沖縄のちょんまげ）を結った男性が、家の塀の向こう側をひょこひょこと歩いていくのを目撃した。よく見ると、首から下がない。つまり生首がひょこひょこと動きながら、家の裏側を歩いていく。それも真っ昼間に、である。

加奈子さんはいつ、その幽霊と眼が合ってしまうのか気が気ではなかった。

機会を見ては夫にそのことを相談するのだが、夫は一度も見たことがなく、幽霊も信じない人間だったので、真面目に取り合ってはくれず、イライラはつのるばかり。

しかしある日の夕食時、とうとう堪忍袋の緒が切れてしまい、大声で怒鳴ってしまった。

「もう私は洗濯物を干しているところを幽霊に見られるのは絶対にイヤなの!」

そしてお皿を思いっきり壁に投げつけてしまった。

これにはさすがの夫にも堪(こた)えたようで、後日、一人のオバアを連れてきた。

「黒島ハルと申します。ユタです」と相手はそう自己紹介した。

「ユタさんですか。お会いしたかったんです」

加奈子さんは夫と一緒にその女性を家に上げると、事細かく今までの経緯を説明した。

それから最後にこう付け加えた。

「ハルさん、どうかお願いします。あの幽霊をどうにか祓ってください。毎日怖くて洗濯物が干せないんです」

　すると黒島さんはやおら立ち上がり、洗濯物干し場に通じるサッシを開けると、なにやらグイス（祝詞）を唱え始めた。そして唱え終わったのか、加奈子さんの方を向いてこんなことを告げた。

「加奈子さん、これはね、なんて言うのか、カフーシドー（喜ばしいこと）」

「はあ？」

「あの按司、あれが幽霊のもとですよ」

「ですよねですよね、夫は見えないって言うんですけど、生首がいるんです」

「あれはね、多分だけど、犯罪を犯して殺されてしまった按司ですよ。そういう話は聞いたことありますかね」

「ありますあります。首里城から左遷されて、ここで死んだ按司です。きっと極悪人です」

「極悪人ではないけどね。死んで改心したんですよ。アレはね、今働いている。神様のために毎日働いている。だから毎日どこかに出かける姿が見えるでしょう」

「はいはい、毎日なんです。どうにかしてください」

「これはこれでミルクの世（神様の治める平和な世界）のために、とても喜ばしいことですよ。加奈子さん、祓うなんて私には畏れ多くて出来ません。むしろ喜びなさい」

「はあ?」

「あの按司は改心されて、毎日琉球のために働いておられます。むしろお供え物を上げたほうが、あなた方のためになります」

「えー、いやー、あのー、そのー……」

黒島ハルさんはそう言って、ニコニコしながら帰っていった。

「お前、いい霊でよかったな」

ユタが帰ったあと、夫がそんなことを言った。

「全然よくないわよ。問題は何も解決していないんだからね」

「でも悪霊とか悪魔ではないって言ってたじゃないか」

「悪霊? 悪魔? そんなこと聞いてないわよ。私は生首があんたの臭い靴下の間からひょこひょこ見えるのが苦痛なんだって言ってるじゃん。あんた私の話を真面目に聞いたことがあんの?」

そしてまた夫に対してブチギレてしまった。

昨年末にホームセンターで夫がラティス（木製の屋外用の衝立）を買って取り付けてくれたおかげで、その方向の視界は遮られて見えなくなり、加奈子さんは喜んでいたのだが、今年になって強風でラティスが壊れてしまったため、再び視界に入るようになってしまったという。

「なんか、取り付けても取り付けても壊れるんです。このラティスが」と加奈子さんは言った。

「なんか見て欲しいんだろうなって、最近になってそう思うようになりました。意味はわかりませんけど」

クモ

明菜さんの夫婦は共働きであった。

ある日、明菜さんが出張に出かけて、一週間の予定が五日で沖縄に帰ってきた。夫を驚かせようと那覇空港からタクシーで家に帰ると、家の中に見知らぬ女がいた。女は素っ裸でキッチンに立って、明菜さんのことを恐怖に怯えた目つきで睨(にら)みつけていた。

夫の浮気がこれでバレてしまった。話を聞くと、どうやら一年もの間、浮気をしていたという。明菜さんはすぐさま弁護士をつけ、離婚に踏み切った。

そして仕事場の近くにロフト付きのマンションを借りて、そこに住んだ。するとそこで、毎日のようにおかしな夢を見るようになった。

ロフトで寝ていると、何かが階段をギイギイと音を立てて上ってくるのである。

見ると、一メートルはある巨大なクモだった。色は黒くて、たくさん産毛(うぶげ)のようなものが生えているのがわかった。明菜さんは夢の中で悲鳴を上げていたが、あまりに何度も夢の中に現れてくるので、ついには慣れてしまった。

一週間もすると、夢の中でクモと会話をするまでになった。

最初はなぜか「バス通勤は辛いよね」とクモが言い、それに答えていると、背中に乗せて会社まで送ってくれたり、夜中にサンドイッチのようなものをくれるので、食べようとしたら、それは糸でグルグル巻きにされた赤ん坊だったりした。でも離婚したての明菜さんにとっては、その優しさがとても嬉しかったという。

一ヵ月経った頃、そのクモは明菜さんにとって、大切な存在となった。

ある日、会社のデスクでコンビニ弁当を食べていると、小さなクモが現れた。隣の席の同僚が悲鳴を上げたが、明菜さんは平然とそのクモを手に乗せて、廊下の植木の中に放してやった。

「明菜さん、私には出来ません」と同僚の女性が怯えながら言うので、彼女はこう答えた。

「家にも大きいのがいてね、慣れちゃったのよ、私」

それからしばらくして、弁護士から連絡があった。元夫は復縁を望んでいて、慰謝料の支払いも拒んでいるという。

明菜さんは弁護士に対して「厳正に対処してください」と要望を伝えたが、ある日のこと、会社を出ると、そこに元夫がいた。

「あなたとは何も喋ることがありません」と明菜さんは言った。

「そこをなんとか。復縁したいんだ」と元夫は言った。

「話は弁護士にして。あなたの顔も見たくない」

冷たく言い放って、明菜さんは家に戻った。

その夜、ロフトで眠っていると、いつものクモがやってきて、明菜さんの上に覆いかぶさった。クモをぎゅっと抱きしめていると、なぜか愛情溢れる想いが湧いてきた。モフモフした可愛いぬいぐるみに思えてきた。すると明菜さんは夢の中でこんなことをクモに対して喋っていた。

「元夫がね、しつこくてかなわないの。あなた、どうにかできる?」

するとクモがこんな風に思っているのが聞こえた。糸で元夫をグルグル巻きにして持ってきてあげると。

「いや、あの男はいらない。どうせなら消して欲しい。私のところには持ってこないで」

クモは多眼で明菜さんを見つめると、それがウルウルしているように見えたという。どうしようもなく愛情を感じ、眼の前のクモを再びぎゅっと抱きしめた。

翌日の夜からクモはなぜかナイフを一本の腕に持って現れるようになった。明菜さんはナイフを持った腕を優しく愛撫した。産毛が生えて、とても柔らかく気持ちのいいさわり心地だった。

その次の日の夢は、元夫が巨大なクモにナイフで刺されるという、どこか不条理な夢だった。クモはその足全部にナイフがくくりつけてあり、何度も刺されて血だらけになった元夫は、悲鳴を上げながら那覇空港のエスカレーターを下まで転げ落ちていった。

するとしばらくしたある日のこと、弁護士から電話が掛かってきた。

「明菜さん、ちょっとおかしなことになってましてね。元旦那さまが、昨日不倫相手の彼女に刺されたようです。全治二週間らしく命に別状はないんですが、一応知らせておこうと思いましてね。昨日警察から連絡がありました」

「そうですか。ありがとうございます」

と言って電話を切ってから、独り言のように呟いたという。

「知ってた」

思わずニンマリとしてしまったという。

「まあ浮気したんだし、それぐらい因果応報だと思います」と明菜さんは語った。

「それと関係ないと思うんですけど、あのロフトの部屋、どうも事故物件だったようです。まあ単なる偶然だとは思いますけどね」

彼女は今でもそのロフトに住んでいる。

なまこ

うるま市の兼固段(かねかだん)に住んでいたケンジさんは、小学六年生の夏におかしな声を聞いた。

通学路だったスージグヮー（細い道）を歩いていると、いきなり空の方から声がした。

「なまこ」

えっと思って立ち止まり辺りを見回すが、誰もいない。

空を見上げたが、無論そこにも何もいない。

空耳かなと思って歩き出すと、再び声が聞こえた。

「なまこ」

その声は女性の声のようでもあるし、男性の声のようでもあった。どちらとも区別できないような微妙な声だった。

「なまこ?」よくわからないので聞き返した。

しかし返事がない。

「誰？」大声でそう怒鳴ってみたが、やはり返事はない。

怖くなったので早足で歩き出すと、再び大空の方から声が聞こえた。

「なまこ」

ケンジさんは全速力で学校まで走っていった。

学校についても恐怖が収まらないケンジさんは、クラスメートの前で不思議な声の話をした。しかし誰も真面目に取り合ってくれる者はいなかった。

「お前、それはきっとなまこの祟りだ」とみんなに言われた。

「呪い殺されるやっし」

「俺は今までなまこを踏みつけたことも食べたこともないやっさ」

ケンジさんもそう反論した。

それからケンジさんは学校で「なまこケンジ」と呼ばれることになってしまった。

それから数回、その道のその場所で、声を聞いた。ある時は何かの呟きのようでもあり、意味がわからないウチナーグチ（沖縄方言）の時もあった。しかし「なまこ」と聞こえたのは、あの時が最初で最後だった。

ケンジさんはずっとこの話を忘れていたのだが、つい最近本人からしたら衝撃的な出来事があったという。

知り合い数人と久高島(くだかじま)に遊びに行って、レンタサイクルで島内を回っていた時のこと。カベール岬に通じる舗装されていない一本道を走っていると、大空からなにやら声が聞こえた。なんだろうと自転車を停めると、いきなり目の前に大きさ二十センチくらいの黒い物体がボンと落下してきた。

「うわっ！」と思わず声を上げてしまった。

見ると今まで海にいたかと思われるナマコが落ちていた。

まだ濡れて、落下の衝撃で何か白いものが体内からあふれ出していた。

「なまこ……」とケンジさんは呟いた。

「なまこ……？」

カラスや大型の鳥が咥えてきたのかどうかわからないが、大空には鳥は一羽も飛んでいなかったという。

新しいレストラン

国吉（くによし）さんはある夜、八重瀬町（やえせちょう）の奥さんの実家で食事をして、みんなで酒を飲んだ。奥さんの両親たちと楽しい時間を過ごし、気分もよくなってきた。ふと見ると時間は十二時を回り、二人の子どもたちは居間で座布団の間に挟まって眠りこけていた。奥さんと両親は仏間で昔の写真を見ながら笑いあっている。それを眺めているとほのぼのした気分になり、一人で少し散歩でもしてみることにした。

考えたら奥さんの実家の周辺を歩くのは、今までほぼなかった。アルコールも入っていたので、ワクワクしながら家を出た。

実家の裏はゆるやかな丘になっており、国吉さんは一番上の公園まで登ってやろうと、人気のない住宅街をどんどん歩いて行った。上に行くにしたがって、家は木造の古いものばかりになり、石垣で囲まれた立派な家が何軒も軒を連ねている。

と、丘の上の公園の横に、なんともおしゃれなレストランらしき建物が立っているのが見えた。暖かな色の電球に照らされた外観は新しくて、中に人が一杯いるのが見えた。せっかくだから、おしゃれにワインでも一杯飲んで帰ろう。国吉さんはそう思って、木製のドアを開けた。

内部は驚くほど広かった。人の話し声がこだましている。

国吉さんが店内に入っていくと、その話し声がピタリと止んだ。

全員の視線が自分に注がれている。そんな風に思ったが、あながち間違いではないようだった。

座っている人たちの様子が変だ。鉄兜(てつかぶと)を被っていたり、昔の海軍の水兵の格好をしている者もいる。気がつけば店の中はまったくの沈黙になっていた。

「あ、貸切ですよね」

国吉さんはバツが悪くなって、そう言って店を出た。

貸切だったらドアに「貸切」って紙貼っとけよ。そう思って今しがた出てきたドアを振り返ると、そこにはドアなんかなかった。もっと言うと店自体が存在しなかった。

「あれえ?」

ほとんど叫び声に近い声を上げてしまった。
そこは公園の駐車場で、その後ろには何かの碑文が立っていた。
近づいて見ると、それは大きな文字で、「慰霊乃碑」と書かれていた。

一気に酔いも醒めてしまったという。

巨人

嘉手納(かでな)町のマンションに住む宮城(みやぎ)さんは、朝起きてベランダから朝焼けの空を眺めた。赤く燃え上がるような朝焼けだったが、大空の一箇所だけが暗く光が当たっていない。いや待てよ、あれは人の顔のように見えるじゃないか。見ているとそれは恐ろしく巨大な人の横顔であることがわかった。顔は黒く髪の毛は燃えるような赤である。それは恐ろしい形相で地上の方を睨みつけていた。

見ているとやがて大雨が降ってきて、巨大な顔は一瞬で灰色の雲とも霧ともわからないものに巻かれて、消失してしまった。

巨人の睨みつけていた視線の先には、嘉手納基地があったという。

耳だけが

池宮(いけみや)さんは昔、うるま市の喜屋武(きゃん)マーブ公園のそばに住んでいた。そこではいろんなおかしな体験もしたのだが、未だに理解できないことが一つあった。

住んでいたアパートの六畳の畳の部屋の隅に、夜になると裸の女の子が現れたという。年のころ十歳ぐらいだろうか。おかっぱでいつも背中を向けて立っており、窓の外を眺めている。一番恐ろしかったのは、全身に彫られた刺青であった。龍のようなツタのようなうねうねとした模様が、背中にいくつも彫られているのが見えた。

ある日家に帰ると、畳の上に何かが落ちている。それは刺青の彫られた人間の小さな耳だった。びっくりしたので思わず後ずさると、それは目の前で薄くなり、やがてこの世から消えてしまったという。

今でもあれはなんだったのか、まったく理解できない。

夜の浜辺

ある夜のこと。喜納さんという男性が、南城市知念の海岸で夜釣りを楽しんでいた。少し波はあったが雲ひとつなく、夜空には華麗な天の川の姿がくっきりと輝いている。ところが、その夜はあまり釣れなかった。夜中の三時頃になって、そろそろ帰ろうかと思いつつ、スマートフォンを見ながらタバコを吸っていた。

その時、ザザーンという波の音にまぎれて、バシャッ、バシャッ、という何かが水から上がる音が聞こえた。

見ると、十メートルくらい向こうの海上から、一人の男性が水から上がってくる。ごま塩頭の短髪、薄いブルーの作業着を着て、重たい足取りでジョボジョボと海から上がってきた。喜納さんはびっくりしてキャンプ用の椅子からずり落ちそうになったが、それより前に男性は喜納さんの横の海岸に到着して、そのまま道路の方までビシャビシャと雫(しずく)をたらしながら、消えていった。

「何だよあれは。密漁者か？」思わずそう漏らした。

このあたりでは素人の漁は禁止されているが、それでも銛(もり)を持ったダイバーなどがいるのも事実だった。しかし男性の格好はそのあたりの工事現場にいる作業員のそれだった。どうみても密漁者には見えなかった。

さらにしばらく浜辺にいると、喜納さんから二十メートルぐらい離れた場所の海岸に、サーフボードを抱えた人物が水から上がるのが見えた。サーフボードには燃えるような赤い模様が入っているのが見えた。全身ブルーのサーフスーツ姿だった。

そのサーファーも重たい足取りで浜に上がると、そのまま道路の方に上がっていった。

何か様子がおかしい。

ようやく喜納さんはそう感じ始めた。

しばらくすると、海の彼方から、おかしな低音が聞こえてきた。ゴゴゴゴという、咆(ほう)哮(こう)という言葉がぴったりくる類の音だった。

それに応えるかのように、今度は反対側の浜辺から、ずぶ濡れの兵隊が何人もぞろぞろと陸に上がってきたという。

喜納さんはそれを見て寒気を感じ、静かに釣道具を片付けると、急いで車に戻った。駐車場に戻ると、自分の車が水でビショビショに濡れていた。いくつもの足跡が自分の車のところまで続いていたという。

旧暦のお盆の夜の話である。

こぶし大の穴

中城村で生まれた大城さんの家の裏には山があって、そのまま中城城址まで続いている。廃墟ホテルで一躍有名になったあの辺りには、もともと古墓が多かった。

古墓のいくつかは口が開いて、中が丸見えだった。沖縄の古墓は壁面に穴を開けて、その中に先祖の骨を収納する空間を作るのだが、しっくいや石、近年ではコンクリートで蓋をするようになっており、絶対に中が見えてはいけない。だが、大城さんが小さい頃見た古墓は、その中に割れたジーシガーミ（骨壷）があって、はっきりと骨だとわかるものが見え隠れしていた。

その中でも特に大きな古墓が、家の裏に続く山道の途中にあった。

両親に聞くと、その古墓は地元の集落の人のものであったのだが、戦争で一家全滅してしまい、今や誰も拝むものがなくなってしまったという。

「それだったら誰かが掃除してあげればいいのに。お墓も蓋が開いて、墓庭（お墓の前の広がった場所）も草ボーボーだから」

幼い大城さんは両親にそんなことを提案してみた。

「えーお前、余計なことはするな」と父親が言った。「知らない人のお墓に何かすると、死者にさわられるよ」

「どうして？　お墓を掃除することは良いことじゃないの？　どうして死んだ人がさわってくるば？」

「そんなことをしたら、死んだ人はお前が助けてくれると思ってかかってくる（祟られる）さ」

それを聞いて大城さんはゾッとして、二度と近づくものかと思った。

それでも半年ほど経つと、父親のそんな言葉もすっかり忘れてしまっていた。

ある日曜日のこと、山に虫取りに入った大城さんは、たまたまその古墓の前を通り過ぎた。

と、視界の隅に、古墓の前に誰かがいたような気がして、振り返った。

蓋の開いた墓の前に、昔の絣を着て髪の毛を結わえた小綺麗な女性が、古めかしい大きな日傘をさしながら座っている。

もしかしたらお墓の親戚の人がまだ生きていたのかも知れない。大城さんはそんな風に思った。

次の瞬間、その女性が大城さんの方を振り返った。

顔にはこぶし大の穴が開き、目も鼻もなく、口だけがニヤッと笑っていた。

大城さんは悲鳴を上げて山を降りたが、二週間も熱が下がらず、ずっと寝込んでしまったという。

にんじん

當間さんの体験談である。

ある夜のこと。地区公民館でのエイサー（沖縄の盆踊り的な伝統行事）の練習の帰り道、集落の中を歩いていると、道の真ん中に小さな袋が落ちていた。遠くから、なんとなく子どもの弁当箱の袋に似ていると思っていたら、その通り、弁当箱であった。外側の袋に名前も書いてある。遠縁の親戚の幼稚園児のものだった。なんで夜中にこんなものが落ちているのだろうと手にしていると、袋がいきなりモゾモゾと動いた。

「ひえっ！」びっくりして當間さんは弁当箱を道路に投げ出してしまった。

と、中から裸のおじさんのようなモノが現れて、恐怖の表情を浮かべながら走って逃げてしまった。驚いた當間さんも恐怖を感じながら走って逃げた。

次の四つ角まで行って振り返ると、裸のおじさんが二人、電信柱の影から、再び弁当箱の袋の中へ今しも入っていく途中だった。

何かヤバイものを見てしまった！

當間さんは震えながら今しがた出てきた地区公民館に走って戻り、残っている青年会の連中に声をかけて、みんなで先ほどの四つ角へと引き返した。

ワイワイしながら四つ角へと戻ると、目の前で一台の車が通り過ぎ、道路に置かれている弁当箱の袋をグシャンと轢いてから走り去ってしまった。

急いで袋を開けてみると、中のプラスティック製の弁当箱は割れてペチャンコになっていたが、なぜか袋の中に砕けて割れてしまった一本のニンジンが入っていた。さきほど持ち上げた時にはなかったものだった。


あとでその親戚にお弁当箱を返しに行ったが、持ち主の子どもの家は集落の反対側にあり、その場所を通った記憶がなかった。またお弁当箱は子どもが確かに持って帰って、袋のままキッチンに置いたという。また母親も子どもも、その袋の中ににんじんを入れた記憶はまったくなかった。

「にんじんを食べたい小さな神様がいる」と、今でも集落の中では語り草になっている。

ヒージャーミー

那覇市の西永(にしなが)家の庭には、何か恐ろしいものが沢山いたという。

「ヒージャーミー、ワルカジ」

西永家のオジイ、オバアは口癖のようにそう言っていた。ヒージャーミーはヤギの目、ワルカジは悪い風(悪霊)という意味である。

ある夜、オジイが何の前触れもなく苦しみだして、そのまま救急車で運ばれたことがあった。

「えー、ヒージャーミー(ヤギの目)がまた悪さしよったね」

オバアはそう言うと、庭に出てからいきなり拝みはじめた。

その時、初めて孫のたすくさんはオバアにこう聞いたという。

「オバア、なんでヒージャー(ヤギ)が関係しているの?」

するとオバアはこんなことを言った。

「たすくよ、これは本物のヒージャーではないよ。ヒージャーミーはね、私たち戦争の生き残りがアメリカ兵を呼んだ言い方さ。アメリカーの目はヒージャーみたいだからさ。それがまだ、ここにいる。あんたは信じなくてもいいけど、オジイとオバアはこいつに長い年月苦しめられてきた。もう限界だね」

それから二日後、見たこともないオバアが西永家にやってきた。遠縁のユタだと名乗った。

「よし、やるかね」

そのオバアはそう言って市場の知り合いから買ってきた豚の頭を床の間に置くと、丸一日かけて祈祷をした。それが終わると、オジイは何もなかったような顔で退院した。

「あー、でも俺は信じない」とたすくさんは家族に言った。

「死んだアメリカ兵に取り憑かれてオジイが体調が悪くなったって？　それを豚の頭で追い払ったって？　まさかよ」

ところが昭和四十三年に庭をコンクリートで埋めて駐車場にするため掘り返すと、人骨や錆付いたヘルメットや金属片やライフルの薬莢などが大量に現れた。

知り合いに見てもらうと、それらは第二次世界大戦中のアメリカ軍のヘルメットや認識票だとわかった。

なぜこんなに大量のアメリカ兵の遺物が現れたのかは、未だにわからないという。

ユマタの穴

伊良部（いらぶ）さんの家の近くにはユマタ（四つ又＝十字路）があって、そこの東側に蛇のように鎌首をもたげた格好のコンクリートで出来た排水溝のような物がある。水が流れるように穴が開けられているのかと思えば、そうではない。そこは上にありすぎて、おそらく水は流れないのである。

その穴を小さい頃から気になっていた伊良部さんは、何度か中を覗いてみたりしたのだが、中からはカビの臭いとか水の流れる音しかせず、果して何のための穴なのかわからなかった。

大人になってから青年会の集まりがあり、そのユマタの排水溝の話になった。

「あれってさ、小さい頃からあるんだけど、何か知っている人はいるね？」

すると青年会の会長の奥さんが、こんなおかしな話をした。

「あれは中に人がいるって」

「ええっ！」

伊良部さんも周囲にいた人もその回答に驚いた。なんで人がいるば？　閉じ込められているってこと？　すると彼女はゆっくりと話し始めた。

「あの場所はもともと井戸があったんだけど、途中で埋められてしまって、マブイヌギ（魂抜き）の行事がされなかったって。だから時々男の人の苦しそうなうめき声が聞こえるらしいよ。要するに神様のうめき声」

沖縄では井戸には神様が住むといわれている。井戸を埋めたり移したりする際には、必ず中の神様も一緒に引越しをしないといけないといわれている。

するとと別の男性もこんなことを言った。

「俺もその話は聞いたことがある。だからあのように穴を開けてあるんだって。あれ以上開けると子どもが落ちたりして危ないから、適度な大きさであるわけよ」

と、そんな話をユマタでしていると、どこからかカタカタカタという激しい音が聞こえてくる。コンクリートもしくは石のようなものを、激しく叩き合う音のようだった。

全員が注視してみると、それはくだんのユマタの穴から聞こえてくる。

音は一分くらいは鳴り続けていたというが、その後すぐ鳴り止んでしまった。原因はわからなかった。

後日、青年会に所属している地元の建設会社の社長が、気になったのでユマタの穴を掘り返して、新しくすることにした。結果、その中には水のたまった空間と、昔の石積みの井戸の遺構が発見されたが、おかしなものは何もなかった。

だがその社長は次の日から四十度を超す高熱にうなされてしまい、原因不明で一週間寝込むこととなった。

それでユマタの穴は大きくなり、綺麗にされたのだが、おかげで誰も触るのを酷く嫌がった。最近の目撃談では、夜中、白い腕がそこからニュッと突き出されているのが目撃されるというが、誰もそれについて語りたがらないという。

呼び声

東村生（ひがしそん）まれの源河（げんか）さんは、幼いころ森に迷ってしまうことがあった。ちょうど七歳の頃のことだ。記憶は残っているのだが、不明な点も多い。

最初、集落の中にある児童公園の砂場にいたのだが、どこからともなく美しい音楽が聴こえてくる。オルゴールのような心優しいメロディだったという。

なんだろうと最初は聞き耳を立てているだけだったが、やがてその音が集落のはずれにある森の中から聞こえてくることに気がついた。

なんかおもしろそう。もしかしたらお菓子でも配っているのかな。五歳の源河さんはそう思うと居ても立ってもいられなくなった。

そこで砂遊びをやめ、一人でトコトコと森の中に入っていった。

森には一本道があり、まっすぐ行くと、集落のお墓やウタキの場所に行く。幼い源河さんにも、道を外れなければ道に迷わないという知識はあった。

そのまままっすぐ歩いていくとやがて鬱蒼とした場所に出たが、メロディはだんだん大きくなっていく。と、歩きながら自分が知らない場所を歩いているのではないかと思うようになった。なぜか道の両側の向こうに、赤や黄色い三角屋根の見たこともない家が現れるようになった。知っている集落の風景ではない。もうしばらく歩くと、小さな小屋が現れた。木造で赤瓦が載っている。

音楽はその小屋から鳴り響いていた。

小屋は木製の戸で堅く閉じられていたが、源河さんは木製の扉の隙間から静かに中を覗いてみた。

中には大きな仏壇と畳の間、そしてユリの花のようなものが飾られてあったが、人の気配はしなかった。しかし音楽はまぎれもなくその中から響いてくる。

ふと我に返ると、とたんに怖くなってしまい、源河さんは急いで道を引き返すことにした。ところが走っても走っても家に着かない。道は一本道のはずだからこんなことは考えられない。

やがて付近が暗くなってくる。源河さんは今度は反対側へ走り出した。

そうこうしていると完全に暗闇になってしまい、泣きながら源河さんは道をトボトボと歩いていた。

すると懐中電灯を持った大人たちに呼び止められ、抱きかかえられながら家に戻ったという。

家に戻ると、行方不明になってから二日経っていた。誘拐されたのではないか、どこかで事故にあったのではないかと、警察や地元の消防団も参加して捜索が行われている最中のことであった。両親は一安心したが、源河さんには子どもも心にもどうにも解せない部分があった。

あんな木造の小屋、見たことがない。

どうやったら、またあの場所に行けるんだろうか?

事態が収まってくると、源河さんは親の目をちょくちょく抜け出しては、あの森の中の道を歩いてみたのだが、どうやっても行き止まりの墓場とウタキにしか到達しない。

そしてあの不思議な音楽ももう一度聴いてみたいと思った。だがその音楽はどこをどう探してみても、聴こえてこなかった。

そして源河さんが三十歳を過ぎた頃。

源河さんは東京で建設作業の仕事に従事していた。

ある日、建設中の高層ビルの上の方で、足場に座りながら仲間と休憩していた時のこと。眼下に広がる東京の摩天楼のどこかから、懐かしいメロディが聴こえてくるのを感じた。しかし何の音楽だったのか、思い出せない。

「なあおい、このメロディってなんだったっけ？　アニメ主題歌だったっけ？」

源河さんは近くにいた仲間にそう聞いてみた。

「うん？　何の音楽？」

「今、町から流れてきてる音楽だけど」

相手はしばらく耳を澄ませたが、首を振りながら横の者に、

「なあおい、音楽、聴こえるか？」と聞いた。

「いや。お前、空耳なんじゃないか？」

そう言われたが、源河さんの耳にははっきりと音楽が鳴っていた。

あの時の音楽だ。源河さんにははっきりとわかった。

故郷の森の中で鳴っていた、オルゴールにも似た優しい旋律。

「そうだ。そろそろシマ（故郷の集落のこと）に帰らないとな」

源河さんはそのメロディを耳にして、心からそのように感じた。音楽はそれから三十分ほど鳴り続け、休憩が終わっても、耳の奥底にこびりついて離れなかった。

それから源河さんは東京での仕事に見切りをつけて、故郷に帰った。いまだにあの建物は見つけられず、あの優しい旋律もあれから聴いたことはない。

何度もあの旋律を再現しようと、デパートの楽器売り場などに行くと必ずピアノの前に座り、あのメロディを思い出して弾いてみたりするのだが、どのようにしてもうまく弾けないのだという。

「どうにもわからないんですよ」と源河さんは言う。

「故郷の音だから民謡とか三線とかみんな思うでしょうけど、それとも何か違う。なんていうか空気みたいな、風の音の中に含まれる優しさ、みたいな音なんです」

源河さんは今でも東村に住んでいる。離れようとしても、心の中のメロディがその都度源河さんを故郷に引き戻すのだという。

小人の家

麻美さんの住んでいた団地の駐車場には、小人の家があった。

それはコンクリート製の小さな祠で、地元の神様が祀ってあるウタキだったのだが、
幼かった麻美さんにはウタキといわれてもなんだかピンとこなかった。だからその場所には小さな人が住んでいるのだと思っていた。

それが証明されたのは幼稚園の頃のことだった。

ある日、団地の駐車場で遊んでいた麻美さんは、祠の中から身長三十センチくらいの髭を生やした腰の曲がったおじいさんが、あくびをしながら現れるのを見た。

ああ、やっぱり小人のおじいさんだ、と麻美さんは納得した。

急いで小人のおじいさんの元に行って、挨拶した。

「こんにちは」

すると相手は麻美さんをチラッと見たのか、頭をコクリと頷かせて、そのまま祠の中に消えてしまった。

家に帰ると、真っ先に母親にそのことを伝えたが、どうも真面目に取り合ってくれない。

「はいはい、わかりましたよ。よかったねえ」と全然熱意のこもらない調子でそんなことを言う。

「ねえねえ、あのさ、あのおじいさんって誰なの？」

「知らないわよ。神様でしょう。お饅頭でも上げてみなさい」

そう言われたので、家の仏壇にお供えしてある白玉（沖縄では一日と十五日にお供えする習慣がある）を二つ持って、それを祠に持っていった。

「おじいさん、ほらほら、白玉だよー。おいしいよー」

そう言って麻美さんは祠の正面に白玉を二つ置いて、しばらく待った。

ところが待てども待てども小人のおじいさんは現れてこない。

なんだ、今日は留守なのかなあ。そう思って麻美さんが目を離して再び祠を見ると、いつのまにか白玉がなくなっている。

「きっと恥ずかしがり屋さんなんだ」

麻美さんはそう確信した。

それからちょくちょく麻美さんは小人のおじいさんの姿を目撃した。しかしその姿が自分にしか見えていないということに気がつくのに時間はそうかからなかった。友達も大人たちも、おじいさんの姿が見えないのである。でもどう考えてもおかしい。実際に小人のおじいさんはそこにいるし、歩いていたり、小人の家の前で腕を組んで座っていたりする。言葉は交わしたことはないけれど、それはサンタクロースよりも現実的な、麻美さんにとっては生きている人物と同じものであった。

ところが、麻美さんが小学生四年生の時のこと。

ある日、学校から帰ってくると、小人の家にブルーシートがかけられて、近くに小型の重機が置いてあった。作業員らしき大人も何人かいる。麻美さんは急いで家に帰って母親にそのことを伝えた。

「お母さん、大変だよ。小人の家が壊されちゃう！」

「あれはね、駐車場を広げるから、壊すそうだよ」

母親が洗い物をしながら淡々と答える。

「じゃあ止めて！　おじいさんが死んじゃう！」

「死にませんよ。きっともう引っ越ししたはずよ」

母親はそう断言した。その後にこうも続けた。

「神様が死ぬもんですか」

そのあと、麻美さんが駐車場を見ていると、小型のユンボで祠はあっという間に木端微塵になってしまった。それを見ていると、涙が溢れて止まらなかった。小さなおじいさんの姿は、もうどこにもなかった。麻美さんはなんだか悲しくて、毎日泣きはらした。そのせいか、それから一週間は熱を出して学校を休んでしまうほどだった。

それからその場所はアスファルトが敷き詰められて、駐車場になってしまった。おじいさんの姿はその場所ではもう二度と見ることがなかった。


それから何年かして、麻美さんは高校生になった。

沖縄には平和学習というプログラムがあり、沖縄戦を学ぶために戦跡を巡ったりする授業がある。その平和学習の一環で、高校生の麻美さんは糸満のひめゆりの塔をクラスで訪れた。

同級生がひめゆりの塔の前で自作の詩を朗読し、クラスみんなで作った千羽鶴を塔の下にある洞窟の前に捧げて、黙祷した。

その時に、麻美さんは見たのである。

洞窟の中程に、幼い頃に見た小人のおじいさんがこちらを向いて座っていた。

はっとして麻美さんが何かを言いかけると、おじいさんはコクリと頷くと、そのまま洞窟の中に消えていった。

きっと住むところがなくなったせいか、あるいは地上で行う仕事が終わったに違いない。おじいさんはもう神様の国へ帰っちゃうんだ。麻美さんはなぜだかそんなことを思い、悲しくて再び泣いた。

どうしておじいさんは悪いことをしていないのに、地面の下へと追いやられるのか、理解できなかった。その後、同級生と先生がやってきて、泣きじゃくる麻美さんを連れて、バスに戻った。

「きっと戦争の写真とかを見て影響されたんでしょうねえ」

と、バスの中で先生二人が麻美さんを見てヒソヒソと話をしていたが、決してそうではなかった。

それが、小人のおじいさんを見た最後になったという。

松川奇譚

家の前にタクシーがよく来るんですよ、と高山さん。

うちは那覇市の松川(まつがわ)にあるんですが、普通の住宅地の一軒家なんです。家の前の道路は狭いですけど、一方通行ではありません。ただの住宅地なんです。よく家の一階の居間で家族とテレビなんか見ていますよね。すると、玄関のほうの道路がパッと明るくなるんです。家の前の道路は突き当たると行き止まりで、うちを含めて三軒しかありません。つまり、その三軒しか車で入ってこない道なんです。

だから「ああ車が入ってきたな」と思うわけです。それで車がちょうど家のガレージ前に駐車して、バタンとドアが開く。ハザードランプも点滅している。「もしかして客かな?」って思うじゃないですか。それで窓から外を覗くと、ハザードを点けたタクシーが停車している。

「おおい、お客さんみたいだぞ」って家内を呼ぶと、家内は婦人会とかいろいろ入っているから、夜も来客あったりするから来ますよね。それで家内が玄関に出て行くでしょう。するとしばらくして青い顔して帰ってくる。

どうしたって聞くと、家内はこう言うんです。

「タクシーがそこにいたんだけど」

「それで？」

「後ろのドアが開いて、ハザード点いているんだけど、運転手もお客さんも居ないの。ただカチ、カチっていうハザードの音とエンジンの低い唸りしか聞こえなくて」

「どこへ行ったの？」

「わからない」

そんなわけがあるか。降りたんならどこかにいるにちがいない。

私はそう思って立ち上がり、玄関から外に出る。

するとタクシーなんかいないんですよ。その代わりに道路におかしなものがある。

岩です。ごつごつした白っぽい岩で、大きさは一メートルくらい。直立した感じで、ちょうど親指みたいな形です。

そりゃびっくりするじゃないですか。こっちはタクシーが停まっていると思い込んでいるから、いきなりゴツゴツした岩がそこにあっても、理解できない。なんでってなるじゃないですか。それで急いで外の大きな道路まで出て確認するんだけど、タクシーなんか走っていない。ふと振り返ると、家の方から家内と子どもが悲鳴をあげているのが聞こえる。どうしたんだって急いで帰ったら、さきほどの岩がもうないんですよ。もちろんタクシーもいない。家内によると、岩は目の前で薄くなって消えてしまったっていうじゃないですか。

ところがね、こんなのが一年に三回ぐらい、ここ数年であるんですよ。

まったく意味わかんないですよね。それで職場の事務員さんの祖母がユタさんだったもんで、一度視てもらったんです。するとね、そのオバア、こんなことを言いました。

「ここには昔、内地から補陀落渡海(ふだらくとかい)で流された高名なお坊さんの建てた碑文があったはずだよ。それが壊されている。恐ろしいヨォー」

そんなことを言って帰りました。ええ、お祓いも何もありません。ただ手を合わせて、そう言って帰ったんです。何の解決にもなっていない。もう笑うしかないですよ。

だから自分で調べましたよ。那覇の博物館とか公民館、図書館まで行って資料を調べました。補陀落渡海ってのは本土から西方浄土を目指して、お坊さんが釘で打たれて外に出れない船で流されるんです。死の修行ですよね。中には何人か沖縄までたどり着いたものがいる。そんな中で日秀上人という人が、現在の金武町あたりに上陸して、この松川にも碑をいくつか建てたらしいです。それが多分、ここだったのかなあという感じです。

でもタクシーが停まって、誰かが降りてくるのは、まったく意味わかんないんです。誰に聞いてもわからない。ドアが開いているので、もしアレに乗ってしまったらどこに行くのか、考えるだけでゾッとしますけどね。私ですか、もちろんそんなものには死んでも乗りませんよ。

仏陀弥阿無南

建設現場で働く嘉数さんは、那覇市の公園の整備工事を行っていた。

那覇市の真ん中にある森を伐採し、そこに公園を造成するのである。朝早く現場に入り、まだ時間があったので、そばの林の中に入って、ブラブラと歩いていた。

と、獣道のようなところに、写真らしきものが落ちていた。

なんだろうとかがんで拾うと、それは若い男女が肩を組んでいた写真であった。男性はヤンキーなのか眉毛（まゆげ）がない。女性も眉毛がなく、どう見ても十代である。ふと写真を裏返すと、そこには文字が書いてあった。

ケンゴへ　この恨みは忘れない
シネシネシネ

仏陀弥阿無南

ボールペンでそう書かれてあった。最後の文字は意味がわからなかったが、読んでいるうちにいきなり意味が頭の中に入ってきた。南無阿弥陀仏(なむあみだぶつ)を逆に書いてある。その瞬間背筋がゾッとした。思わず写真を道端に放り投げた。

ふと前を向くと、少女が林の中にいた。

眉毛がなく、ゆらゆらと揺れている。写真の中の少女と同じに見えた。

少女と目が合った。

「シネシネシネ！」と少女は叫んだ。

首を吊っていて、両足は地面から離れていた。

嘉数さんは悲鳴を上げてひっくり返ってしまった。

あとで警察が来て、少女の亡骸(なきがら)を回収していった。

「それで、少女がシネシネって言ったんですか？」

現場検証のときに警察官がそう尋ねた。

「そうです。多分意識あったと思うんですよ」と嘉数さんは警官に言った。

「でも見たところ首の骨が折れてましたよ」とその警察官は言った。

「折れてたらどうだっていうんですか？」

「折れてたら死んでます。検視までですけど、多分喋れないと思うんですけど」

警察官はどうにも解せないといった表情でそう言った。


後日その警察官から電話があり、首の骨が折れていたのと、死後十時間以上は経過していたと聞かされた。

「なので、少女が喋ったうんぬんのくだりは、報告書から削除しました。ご了承ください」と警官は言った。

嘉数さんは今でも少女の叫び声が耳にこびりついて離れない。

弁ヶ嶽の残り香

首里の弁ヶ嶽(べんがだけ)近くでの話である。

旧盆の夜、安里さんの家族は、十歳の娘さんと三人で縁側に座り、両親はビールを、娘さんはお菓子を食べながら話をしていた。

縁側の塀の向こうには弁ヶ嶽の小山が広がっていた。琉球王朝時代から拝まれる聖なる山であった。

安里さん夫婦がビールを飲みながら喋っていると、急に娘が弁ヶ嶽の方向を指差して、こんなことを言った。

「あ、女の人!」

見ると、弁ヶ嶽の斜面を喪服のようなものを着た初老の女性が、手に線香のようなものを持ちながら上がっていく後姿が見える。だがどこか不自然だった。あのような急斜面を上がっているにもかかわらず、肩も上下していないし、歩いているというよりは、リフトに乗ってスーッと上がっていく感じだった。しかも線香は一度も見たことがないような、三十センチ以上はある長いものだった。

「ねえねえお母さん、あの女の人、浮かんでるよ！」

娘が大きな声でそういうので、母親の明子さんは「もしかしたらあの女性に気づかれたら……」と思って、恐怖を感じながら娘の口を手で塞いだ。

するとと弁ヶ嶽の中腹あたりで、その女性の動きがピタッと止まってしまった。

「イヤだ、気づかれた！」と明子さんは恐怖を感じたという。

急に横で旦那さんがこんなことを小さな声で呟いた。

「すいません。邪魔したつもりはありません。ごめんなさい」

その声が届いたのか、しばらくすると女性は再び上にスーッと上っていき、やがて姿が見えなくなってしまった。

しばらく縁側には、今まで一度もかいだことのないような、かぐわしい線香の香りが漂っていたという。

ジュリ墓

佐渡山智明さんの家にはこんな伝承が語り継がれている。

佐渡山家は昔、地主で大金持ちであった。金持ちのことを方言でウェーキというのだが、金持ちの家ということで佐渡山さんの家はウェーキヤーと呼ばれた。

佐渡山家は中部に住んでいたが、わざわざ宴のために那覇からジュリを呼んだりしていた金持ちでもあった。ジュリとは沖縄の芸能に優れた女性たちの集団で、男性たちを客として遊郭に迎え入れる一方、当時の琉球のトップクラスの芸能集団でもあった。その内部は厳格な規律と女系社会で成り立っていた。気に入った男性客としか肉体関係を持とうとせず、もし仮に子どもが出来ても、そこで出産はしても決して育てようとはしなかった。親子関係を完全に拒絶していたのである。

当時の琉球の貧困層では、金に困った親たちは、男の子であったら糸満売りといい、漁師や農業の家に売り飛ばし、器量のよい女性ならばジュリのいる辻（ちーじ）という場所に売り飛ばすという、まことに悲しい歴史があった。

男性客に身体を売る一方、ジュリは琉球の島の中を旅をして地方まで行き、料理を振舞ったり、踊りや唄を披露することも行っていた。

ある時、佐渡山家で宴の席があり、那覇の辻からジュリが二人呼ばれた。ジュリたちは仕事をこなし、料理を作り、唄をうたい、三線（さんしん）を弾き、踊りを踊った。そして数日滞在したのだが、最後の夜に事件が起こった。

佐渡山家の遠縁の親戚である山城（やましろ）家の者たちが、そのジュリを山の中に呼び出して、襲ったのである。ジュリは自分たちが決めた男性以外とそのような形で関わることは恥とされ、無残に犯されてしまった二人は山の中で自害してしまった。

佐渡山家のものたちは、自害したジュリたちを哀れに思い、自分たちの家の裏山に丁寧に埋葬してやり、毎年そこを拝むのをかかさなかった。

一方、そのようなことをして佐渡山家に恥をかかせた山城家のものたちを嫌い、隣の集落に追い出してしまった。それ以来、佐渡山家と山城家の間には敵対関係のような感情が生まれたといわれている。

しかしそれは二百年も昔の話であり、現在ではどちらの家も親しくはないが、普通に交流する間柄にはなっている。それでも一部の年寄りたちは、お互いの親族のものを見ると、足の塵(ちり)を払うという動作をするが、これは相手の穢(けが)れを祓うという意味の俗信であったようだ。それとて年々少なくなってきている。

智明さんは、佐渡山一族の中でも一番若い世代で、そういった昔の話は何度も聞いたことがあるが、別に山城家のものに対して憎しみなどを抱くことはなかった。

智明さんの家の西側には小高い山があり、そこは代々佐渡山家の持ち物であるが、現在でもそこにジュリ墓(ばか)と呼ばれている古い墓が残っていた。

墓は山の斜面をくりぬいて作られており、入口はこぶし大の石を積み上げて蓋がなされている。この場所で智明さんは何度か不思議な体験をしたという。

昭和五十年生まれの智明さんがまだ小さかった頃、小学校の帰りにこの裏山に寄ったことがある。カブトムシを探していたのだ。

山の中に入って木の表面にカブトムシがいないか探していると、どこからともなく三線の音が聞こえてきた。あまり琉球音楽には詳しくはないが、小学生の智明さんが聴いても、それは美しい音色のように聞こえた。

誰が弾いているのだろうかと耳を澄ますと、山の下の民家ではなく、どうやら山の上から聞こえてくる。誰がこんな山の中で三線を弾いているのか気になった智明さんは、その音色につられて山を登った。

音はどうやら山頂近くに造られたジュリ墓から聞こえてくるようだった。

ジュリ墓の前に着くと、三線の音色ははっきりと聞こえてくる。しかしそれらしき人影が見当たらない。おかしいな。智明さんはジュリ墓の前で、おかしなことに気がついた。

三線の美しい音色は、どうやら墓の内部から聞こえてくる。

智明さんは積み上げられた石の蓋に耳をそっと近づけた。

まさに中から聞こえてくる。まるで石の壁の向こうに誰かがいて、実際に三線を弾いているかのようだった。

と、智明さんの気配に気づいたのか、急に三線の音色が止まった。

同時に女性の小さな咳払いの声が聞こえた。

ごほん。

その瞬間、背筋がぞっとした。

小学生の智明さんにも、この墓が二百年以上も蓋を開けられていないのだということも、葬られているジュリが三線の名手だったことも伝え聞いていた。

智明さんは転がるようにして山を降りたという。

佐渡山家には次のような家訓がある。

「三線を弾いているものがいたら、決して邪魔をしてはならない」

智明さんは今でもこの家訓を忠実に守っている。

安波節（あふぁぶし）

佐渡山愛子さんは、智明さんたちの実家の横に暮らしている、数少ない佐渡山家の直系の人物だった。彼女はもう五十歳になるが、自宅で教室を開いて三線を教えながら、唄者としてテレビに出たこともあるし、民謡のレコードにも参加したりしていた。

そんな愛子さんは、ある日変な夢を見た。

夢の中で、一人の美しいジュリが、山の斜面で三線を弾いていた。とても美しい音色で、優しさと厳しさに溢れていたという。

そのジュリは愛子さんを認めると、微笑みながらおいで、おいでを繰り返したので、夢の中で愛子さんはフラフラとジュリの手招きする方へ向かった。そこはひときわ高いアコウの木が立っている一角で、ジュリはそこで木の中にするりと入っていき、消えてしまった。

そこで目が覚めた。

そんな夢を何度も見た。

ある日の午後、三線教室の生徒が帰ったあと、なんとなくその夢が気になった愛子さんは、普段はあまりそんなことをしないのだが、一人でジュリ墓への山道をてくてくと登り始めた。ジュリが夢の中で指し示したアコウの木が気になって仕方がなかったのである。

アコウの木の場所までは、歩いて十分ほどであった。

すぐその場所について、アコウの木を眺めた。

木の上から一本のロープが垂れ下がっている。見ると、切れたロープの下、枯葉だらけの地面の上に、誰かが倒れていた。

顔は黒ずんで泥にまみれていたが、山城家の三十代の長男であることがはっきりとわかった。

首吊りであった。

愛子さんは悲鳴を上げて山を下りた。そして一旦呼吸を整えてから、初めて警察に電話をした。五十年生きてきて、初めて一一〇番に電話をかけたという。

警察と消防がこちらに向かっている間、愛子さんはジュリ墓の山の入口で、落ち着きなく立ち尽くしていた。

と、どこからともなく三線の音が聞こえてくる。

安波節である。透き通るような女性の美しい歌声であった。

その歌声は山の上から聞こえてきたが、まるで女神が歌っているのかと思うほど美しく、またどこか現実味がない唄声でもあった。

山城家の長男がまた死んだ。実はこれまでも山城家の長男は続々と死んでいる。自殺、交通事故、病気など。これはやはり、かねがね噂されているように、犯された挙句に自死してしまったジュリによる何代にも渡る呪いなのだろうか。愛子さんはふと、そんなことを考えてしまった。

だとしたら、これはもしかしたら宴の唄なのかもしれない。

あまりにも美しい音色だったので、思わず今見た光景を忘れて、夢見心地になる気分だった。まるでこの世の音ではなかった。

十分後、警察と救急車が来た頃には、その歌声はすっかり消え去ってしまっていたという。

チルダーキ

佐渡山智明さんの一家には古い三線が代々受け継がれている。

これは世には出ていないが、かなりの名器だという。

もともとは二百年前の自害したジュリの一人が持っていたものだといわれている。それは佐渡山家に大切に保管されていたのだが、沖縄戦当時に佐渡山家のものがそれを持って壕の中まで逃げたが、爆撃にあって壊れてしまった。

そこで当時の佐渡山家のものは、三線のヌジファをした。

ヌジファとは抜魂と当て字される。つまり三線に宿っているマブイ（魂）を一度抜いて、他の三線に入れ替えることである。壊れた三線に宿っていたものは、その後、別の三線にヌジファされたのだといわれている。

それがチルダーキと呼ばれている三線である。かなりの名器だそうだが、佐渡山家の者たちにしかほとんど知られていない。ところが昭和五十年代になって、そのチルダーキは借金のカタにとある骨董屋に売られてしまった。

智明さんの父親で、現在老人ホームに入っているゲンシュウさんという男性がいる。これはゲンシュウさんとチルダーキについての話だ。


ゲンシュウさんが小さい頃、チルダーキは家の居間に飾られて、夜になるとよくひとりで勝手に鳴っていたという。両親からは「絶対に触ったり弾いたりしてはいけない」と言われていたのだが、触らなくても勝手に鳴るのである。小さいころは気持ち悪くて居間に入るのさえ嫌だった。

チンダミ（調律）が悪いのか、湿度などの関係なのか、誰かがかき鳴らすような音がよく居間から聞こえていた。両親に聞いても、「あれはそういうものだから」としか回答を得られなかったが、ゲンシュウさんは一度これを弾いているものを見たことがあった。

曽祖父が亡くなってそのお通夜の夜のことである。ゲンシュウさんはその頃まだ小学生であった。

家の中は来客でごった返しており、ゲンシュウさんは二階の自室でラジオを聞いていた。途中でお腹が空いたので一階に下りて冷蔵庫を漁っていると、親戚たちのお喋りに混じって三線の音が聞こえてくる。その音色は滑らかで非常に美しいものだった。

その音色につられてふらふらと歩いていくと、誰もいない居間で一人の着物を着た女性が三線を弾いている後ろ姿が見えた。

親戚でこんな女の人いたかな、と思っていると、その女性がふと弾くのをやめて横顔でこちらを眺めた。そして軽く会釈をした。とても綺麗で若い女性だった。

ゲンシュウさんも親戚だと思い、「こんばんは」と挨拶をした。

すると女性は再び前を向き、三線を弾き始めた。

もう一度キッチンの方へ戻って冷蔵庫を漁っていると、父親が変なことを言っているのを耳にした。

「誰かがチルダーキを弾いている」

父親がそう言うと、親戚の叔母さんがこんなことを言った。

「放っておきなさい。家訓にあるでしょう。邪魔をしたらいけないよ」

「だーるよ（わかっている）」

父親はそう言って仏間に戻っていった。

ゲンシュウさんは急いで居間に戻ってみた。するとチルダーキは元の場所に戻され、弾いていた美しい女性の姿もなかった。

ゲンシュウさんが小学校五年生の時に父の会社が倒産し、その家は売り払われることになった。ゲンシュウさんたちは親戚の所有するこじんまりしたアパートで暮らすことになった。いきなり生活が変わってしまったのだが、ゲンシュウさんは引っ越してすぐにあることに気づいた。

チルダーキの姿がない。

父親に聞くと、どうやら借金のカタに株主によって差し押さえされたようであった。

ゲンシュウさんはチルダーキが売り払われてしまったことに対して、なぜか悲しみに似た感情を覚えた。

あれはもしかしたら売ってはいけないものだったのではないだろうか。そんな気持ちが二十歳ぐらいになるまで、心の中にわだかまりとしてずっと残っていた。

佐渡山家はその後、一家族、また一家族と、次第にその集落から引っ越していき、土地も別のものに売られてしまったりした。昔のウェーキ（金持ち）の面影はもうなく、平成になるころには、その集落に住んでいる佐渡山の家系の家族は二軒のみになってしまった。

それもこれもゲンシュウさんには、父親がチルダーキを売ってしまったからだと思えて仕方がなかった。

そして、その父親もしばらくして亡くなってしまった。

ゲンシュウさんはその後結婚して家族をもうけた。智明さんと妹の二人の子も得て、会社もうまく廻っていた。そして四十歳になる頃には、佐渡山家のものだった土地を買い戻して、そこに再び家を建てた。

家を建てたその年のことである。

親戚から、「もしかしたらチルダーキかもしれない三線が骨董屋に置いてあった」と連絡があった。そこで教えられた沖縄市の骨董屋に行って見ると、確かにそれっぽい三線が店主の後ろに飾られてあった。

「ちょっとそれ、弾いてみてもいいかね？」

ゲンシュウさんは店主にそう言って、三線を弾かせてもらった。

間違いない。これは佐渡山のチルダーキに間違いない。

音色、手触り、色、すべてが記憶と一致した。

そして弾いていると不思議な香りがした。

サンニン（月桃）の香りである。

「これは何かね、あんた、香水つけているのかね」骨董屋の店主がいきなりそんなことを言った。

「いいえ。でもいい香りがしますね」

「ゲットウやしが。おかしいなあ。この三線にはそんな匂いついていなかったけどなあ」

骨董屋の店主も不思議がっていた。

「この三線はどうされたんですか？」

「これはよ、もともと沖縄にあったらしいが、東京に持ち出されて、とある会社に飾られていたけど、そこが倒産して、うちに持ち込まれたさ」

「そうなんですね。で、いくらで売ります？」

「百万」

「それは高いなあ」

「百万だなあ」

「五十万では？」

「うーん、だめ。百万」

店主は頑として値段を下げようとはしなかった。ゲンシュウさんはどうしても欲しかったが百万を出すのは家族とも相談しないといけない。なので自分の名刺を渡してから、一旦家に戻った。

一週間後、骨董屋から連絡があって、五十万でもいいから買わないかと誘われた。そこで仕事帰りに寄ってみると、骨董屋の店主からこんなことを聞かされた。


「ちょっと聞くけどよ、あんたはこの三線と関係がある人ね？」

「どうしてそんなことを？」

「あのよ、夢に女が出てきたわけ。昔の着物を着て、いわゆるジュリとかそういう類の女さね。そいつが私の胸の上に乗ってこれを弾くわけよ。私の顔を見て、鼻をフンって鳴らしながらこう言うんだよ。『ヤーヤ、マーヌターヤタガ？（あんたは何処の誰ね？）』毎晩出てくるわけさ。朝になったらあんたの名刺が目の前に落ちている。何度かゴミ箱に捨てたけど、どういうわけかそこにあるわけ。なんでね？」

「なんでねと言われても」とゲンシュウさんは言った。

「おそらくこれはうちの家系に伝わっていた三線なんですよ。昔のジュリが持っていたもので、正確には二代目ですが、先代の三線が壊れたので、戦時中にヌジファをしてマブイをこちらに移したらしいです」

「はっしぇ！　そんなものいらない！　一万円でもいいから引き取ってくれないか！」

こうしてゲンシュウさんは格安の値段でその三線を引き取ることが出来た。

親戚にも確認してもらったところ、やはりチルダーキに間違いないということだった。

それからチルダーキは再び佐渡山家の居間に飾られたが、それから悲しいことがいくつか起こった。

ゲンシュウさんの奥さんがそれ以来、体調が悪くなってしまったのである。理由もなく眩暈（めまい）がしたり、おかしな夢を見るようになった。それは首のない着物姿の女性の夢で、果てしなくそれに追いかけられるのだという。

「あなた、悪いけどあのチルダーキ、売るか別の場所に保管するか、あるいは佐渡山の他の親戚にあげてくれない？」

「どうして？」

「きっと私、あれに殺されるような気がしている」

「チルダーキがお前を殺すわけがない。なんでそんなことを言う?」

「私ね、あれが怖い」

奥さんははっきりそう言ったという。

それを聞いてもゲンシュウさんは真面目に取り合わなかった。多分気のせいだと思っていた。女性は何でも気にかける。佐渡山家の家宝が人を殺したり不幸にさせるわけがない。むしろその逆だろう。曽々祖父が戦時中に命をかけて守り、ヌジファまでした三線なのだから、私がそれを守らなければならない。

ゲンシュウさんの意思は固かった。だが奥さんはそうではなかった。

その後、二人の仲は険悪になっていき、五十歳の時に二人は熟年離婚してしまった。

ゲンシュウさんは財産の半分を失い、子どもの親権も失ってしまった。それでもチルダーキだけはそばにあった。なんだかこれでいいような気がした。老後は自分の好きなことができる。家族など自分には向いていなかったのだ。

佐渡山さんはジュリ墓の下の畑を耕して、野菜を作ることにした。会社も辞めて、毎日そこに通った。

佐渡山さんが六十歳になった頃、長男の智明さんが久しぶりに訪ねてきた。

その頃には家はかなり荒れ果てて、雑草が伸び放題であった。智明さんは父親が心配で訪ねてきたのである。すでに十年ほど、二人は顔を合わせていなかった。

今から行くからね、と智明さんが父親の携帯に電話をすると、ゲンシュウさんはジュリ墓の下の農作業小屋にいるという。そこで、実家に車を停めて、そのまま山を登った。

山を少しばかり登ると、ジュリ墓の下の方に掘っ立て小屋があり、そこにゲンシュウさんが手を振って迎える姿が見えた。二人は小屋の中に入って話をしたが、智明さんは父親の容姿が気になって仕方がなかった。

「父さん、痩せたね」と智明さんが言った。それは控えめな言い方で、本当はげっそりと痩せてまるで病人にしか見えなかった。

「そうか。毎日食べるものは食べているが。智明は元気か?」

「うん、まあね。父さんはここで野菜を作っているの?」

「そうだよ。お前には紹介していなかったけど、パートナーの女性と二人で暮らしてる。実家にはたまにしか戻らない。ここが居心地がよくてね」

「ふうん、パートナーの女性がいるんだ。今どこにいるの？」

「畑を散歩しているんじゃないか」

父親はそういって窓の外をチラッと眺めた。

「ほら、あそこにいる」

智明さんは身を乗り出して窓の外を眺めたが、残念ながらそこには畑の風景しか見えない。

「どこだろう？」

「もう向こう側へいったよ。あとで挨拶できるさ」

「ところで父さん、体調は大丈夫なの？」

「もちろん。お前は何を心配してる？　私はまだまだ死にはしない。母さんと妹は元気ね？」

「うん、みんな元気にしているよ」

「そうか。それはいい。とてもいい。上等」

そう言って父親はタバコをゆっくりと吹かして、中空を見ながら頷いた。

それから一週間後くらいのことだった。智明さんの携帯に父親から電話があり、畑で倒れて動けないという。頭もフラフラして何か変だ。パートナーの女性がお前に電話をしろと言っているという。そこで智明さんは一度電話を切り、救急車を実家に来るように連絡を入れてから、車の鍵を引っつかんで実家に戻った。

智明さんとほぼ同時刻に救急車が到着したので、一緒に山を登って父の畑までやってきた。ゲンシュウさんは畑の真ん中で横たわっていて意識はなかったが、かろうじて息はしている。救急隊員が急いで担架に乗せて、山の斜面を細心の注意をはらいながら降りた。そして病院に運ばれ、ゲンシュウさんは何とか一命を取り留めた。

倒れた原因は脳梗塞（のうこうそく）であることが、検査の結果判明した。

ゲンシュウさんはしばらく入院したが、記憶があいまいになってしまい、簡単な計算やいろいろなことが出来なくなってしまっていた。

そこで智明さんは父親の許可を取った上で実家を売却し、父親をうるま市の介護型老人ホームに入居させることにした。売却について、「自分はそんなことを許可した覚えはない」と言い張ったが、なんとかなだめて入居させた。

その後のことである。実家を片付けながら、智明さんはチルダーキを発見した。

父親からこれを買い戻した話は聞いていたが、いざ実物を目にすると、なんだか総毛立つ感じが襲ってきた。

ヌジファした特別な三線である。

チルダーキは綺麗なケースに入れて、老人ホームにいる父親のもとに持っていった。

「おお、チルダーキ。大事にするさ。ところで彼女はいたか?」

「誰のこと? パートナーの女性のこと?」

父親は弱々しく頷いた。

「ううん、残念ながら会えなかったよ。父さん、電話番号を教えてくれたら連絡するけど」

「ああうん、電話は知らない。彼女から訪ねてくるから」

「そう。じゃあ見かけたらよろしく言っておくね」

智明さんはそう言ったのだが、薄々その女性は存在しないのだということに気がつき始めていた。父はおそらく幻影を見ているのだろう。脳の病気にはありがちだと医者も言っていた。いまさら否定しても誰も得をしない。だから智明さんも妹も、そのあたりはゲンシュウさんに話を合わせることにした。

それから一年くらい経ったある日のこと。智明さんは久しぶりに父の面会のために老人ホームを訪れた。父はあれからめっきり老けた。時折自分や妹の顔を見ても一瞬記憶が混乱してしまうようで、前の職場の上司の名前を言ったり、まったく違う名前を言ったりした。それでも健康にはとりたてて悪いところもなく、時間があればチルダーキを枕元において、イヤホンでテレビを見るのが日課だった。

その日、面会を終えて老人ホームを出ようとしたのは夕方の六時だった。すると入口で職員の女性から声をかけられた。

「すいません、佐渡山さんの身内の方ですよね」

「はい、息子です」

「よかった。ちょっとだけお話いいですか?」

「はい、いいですよ」

「ええと、実はですね。佐渡山さんの元に面会に来られる方で若い女性の方がいると思うんですけど」

「はい、妹ですかね」

「いえいえ、妹さんでしたら私もわかります。妹さんじゃなくて、かすりを着た昔風の女性なんですけどね、三線が抜群に上手な」

はて、そんな人がいたのだろうかと記憶を探ってみたが、どうも記憶の中にそんな女性は見当たらない。

「誰ですかね。佐渡山の愛子おばさんかな」

「その方はおいくつですか？」

「もう六十ですけど。三線の先生です」

「違います。二十代の若い女性です。実はその方に連絡を取りたくて」

「何かあったんですか？」

「いやね、いつも佐渡山さんの横に座って、見事な三線をお弾きになるんですよ。ほれぼれするくらいの腕前で、しかもお綺麗だし。でも彼女、いつも来客名簿に名前をお書きにならないんですよ。今度別棟でレクリエーションがあって、そこでぜひ三線を弾いていただけないかなと思いましてね。昨日もお越しになっていたんですが、いつのまにか帰っておられまして。お名前だけでも教えていただけませんか？」

そう言われても智明さんにはまったく心当たりがなかった。しかし一つだけ心当たりがあるとすれば、それはあのチルダーキであった。それはつまり、智明さんが小さい頃、石積みのジュリ墓の中で弾いていた、あの女性なのだろう。もしかして父がパートナーがいると言い張っていたその女性も、もしかしてあの女性のことなのだろうか？

「その女性とは、私も連絡できていないんですよ。でも多分、また来ると思いますので、その時にぜひ声をかけてみてください」

「わかりました。そうしますね。すいません。お引き止めしてしまって」

　職員の女性は微笑みながらそう言った。


　それからも智明さんは週末になると父親の面会に行くのだが、時折ゲンシュウさんは嬉しそうに「今日パートナーの女性が来てくれてね」という話をした。

「よかったね、父さん。気にかけてくれる人がいるってことは、幸せなことなんだよ」

と智明さんは言った。

「本当にそうだ」目に涙をにじませながらゲンシュウさんは言った。

「マクトゥ、マクトゥ（まことにそうだ、まことにそうだ）」

　そして大粒の涙をボロボロと流した。

一度だけ、ゲンシュウさんが職員に連れられてお手洗いに行く時に、智明さんはベッドの横でぼんやりとテレビを眺めていたことがある。その時に横に置かれたチルダーキが、急に八重山民謡のアカンマ節を勝手に奏でだしたのでびっくりしてしまった。

しかし智明さんは家訓を思い出した。

「三線を弾いているものがいたら、決して邪魔をしてはならない」

なので智明さんは、その通りにしたという。

第三部　ユタと神人の話

魔王

海勢頭（うみせど）さんは、神人（かみんちゅ）である。神人はユタと違い、背後にいる神様の指示にしたがって祈る。神様のためだけに働くことを善しとする人たちのことだ。

ある日、海勢頭さんのところに、弟子になりたいという若い男性が訪ねてきた。男性は千葉出身の遠藤さんという人物で、大学院で物理工学の博士論文まで書いたことがあるという。ところが海勢頭さんは遠藤さんの後ろに何かが憑いているのが見えていた。

真っ黒くて何かとても臭気の漂うもの。それもなかなか手ごわい感じのものがべったりとへばりついていた。

「あんたの後ろに変なものが憑いているから、それをまず取らないといけん」

そう海勢頭さんが忠告すると、遠藤さんはこんなことを言った。

「いや、取りません。これは好きでくっつけているんで」

「どういう意味だね？」

「これがいると落ち着くし、魔術が使えるんです」

「ほう」

「知ってますか。私は人を消せるし、インドにだって北極にだって瞬間移動できます。あなたを呪い殺すか、この世界からすぐに抹消することもできるんですよ」

「あなたの言いたいことはわかる。それも出来るって言うんだから出来るんだろうね。でも考えてみなさい。そんなことをしていたら、いつか自分にもティンバチ（天罰）が返ってくるだろうとは、思ってもみないのかね」

「思いません。私はあなたに憑いている式神も見えています。それを欲しいんです」

「ほう」

「私と戦ってあなたが負けたら、あなたの式神を私に全部ください」

「それをしてお前が負けたらどうする？　私はお前の後ろの悪魔など欲しくない」

「私は負けませんから心配ありません。私は魔王なんです」

それから遠藤さんはいきなり目をつぶってサンスクリット語のようなものを唱えだした。海勢頭さんはしょうがないので、手近にあった麦茶を飲みながら、やれやれと深いため息をついた。

　おそらく三十分以上唱えていたが、やがて遠藤さんは涙目になりながら、海勢頭さんを見つめた。

「出来ない……なぜだ」

「なぜか教えてあげるよ。あんたはそういうことをする力もないし、確かに後ろには変なのが憑いているが、これはあんたがコントロールしているわけじゃない。黒いものにあんたがコントロールされている」

「それは嘘だ」

「嘘じゃないし、あんたは自分が見えないだけさ」

　遠藤さんはしばらく下を向いて落ち込んでいたが、突然立ち上がるとそのまま海勢頭さんの家を勢いよく出て行った。

「無軌道で馬鹿な若者やっさ」海勢頭さんはあきれて、奥さんの恵美子さんにそう呟いた。

「でも恐ろしいものが憑いていましたね」恵美子さんもそう言った。

「どうにも出来ん。好きで背負っているリュックを他人が下ろすことは出来ん」

「本当ですね」

その後、遠藤さんからは何度も何度もメールがきた。それによると、他の本土の超能力のある僧侶の元に弟子入りしたという。

「その方はあなたより力があり、呪術の方法に長けています」と遠藤さんは書いていた。

「もうすぐ私の式神をお送りします。そして素敵な呪いをあなたに届けて差し上げましょう。あなたは最初は足の裏から妙な臭気が漂うでしょう。そして歯が一本欠けて、それがすべての始まりになります。私に力がないとかぬかした、これがあなたにとってのティンバチとなるでしょう」

自信満々にそう書いてあった。海勢頭さんはそのメールを恵美子さんにも見せた。

「こういうのが最近の流行なんですかね？」と恵美子さんは感想を漏らした。

「知らん。でも遠藤のことは心配している。このままでは彼は消えてしまう」

「あなたの足の裏は呪われなくても酷い臭いですよ」

「うるさいやっさ」

「それにあなたが入れ歯なのをきっと知らなかったんでしょうねえ」

それから三ヵ月後に、今度は遠藤さんから携帯に電話がかかってきた。

「今度は何かね？　私はあまり話すことがないのだが」と海勢頭さんは開口一番そう語った。

「そうじゃなくて、助けてもらえませんか？」

「どうしたんだね」

「私のついている僧侶さんが、まず呪いを鍛えるには自分にかけてみろって言ったんです。修行の一環だと。それで自分自身に呪いをかけたんですよ」

「何て愚かなことをしたんだ……」

「そしたら本当に自分の足が臭くなってきて、小指が壊死したんですよ。細菌が入ったとかで。それから上の歯がほとんど抜け落ちました。今でも喋るのが辛いんです。そして呪いを解こうとしたら解けないんです。方法を聞こうとしたらその僧侶が突然死んでしまったんですよ。もうどうしたらいいかわからない。どうすればいいんですか？」

それを聞いて海勢頭さんはあきれてしまった。あきれて本当に言葉が出てこなかった。

「遠藤くん、本当に君が助かりたいんなら、何とかしていますぐ沖縄に来なさい。千葉にいたんでは力になれない。言っておくけど、あんた、このままでは命に関わる。こちらへ来なさい。うちに泊まればいい」

　遠藤さんは、すぐにでも行きますと言い、電話を切った。

　ところがそれから三日たっても四日たっても連絡がない。五日目の夜に心配になった海勢頭さんは電話をした。

「用意しているんですが、ベルゼブブとアゴーが邪魔をして」

「何が邪魔するって?」

「ベルゼブブとアゴー」

「何?」

「目玉が別のことを喋るんです。もう割り箸で刺してしまおうかって思っているんですけど」

　そう言って相手は一方的に電話を切った。

　それから連絡はぷっつりと途絶え、電話をしても「現在使われておりません」になり、頻繁に更新していた遠藤さんのＳＮＳも更新がストップしてしまった。

一ヵ月後、海勢頭さんは夢の中で遠藤さんを見た。

遠藤さんは誰もいない真っ暗な砂漠の中を、懐中電灯を照らしながらトボトボと歩いていた。海勢頭さんが声をかけても何の反応もなかった。ここはどこなのかと海勢頭さんは自分の後ろにいるウティンヌカミ（御天の神）に聞いたが、何も教えてはくれなかった。

「魔術とか呪いは興味本位でかけるものではないよ」と海勢頭さんは恵美子さんに言った。

「気づいたときにはもう手遅れだよ。日本人も沖縄人もアメリカ人も関係ない。魔術、呪術、ホワイトマジック、ブードゥー。ぜんぶ呪いだよ。言葉を変えてもおしゃれになんかならない。若い人は気づかないといけない。人生は自分の足でコツコツと登っていくものさ。いきなり魔術師になっても、その先は闇しかない。魔王になんかなれない。しかも魔王は確かに一人いて、それ以外の魔王はその魔王にとって必要じゃない」

「そうですね。遠藤さんはそれで、どうなったんですか？」

「もちろん生きてはいないと思う」

「私の言っているのは、その先のことです。魔術を信じる人は、どんな世界に行くんですか？」

少しだけ考えて、海勢頭さんは言った。

「さあ」と彼は言った。

「そんなこと、考えたくもない」

「知ってるくせに」と恵美子さんが言った。

現在も遠藤さんのＳＮＳは、二〇〇五年の八月から時間が止まったままでいる。

エプケ

ある日のこと。海勢頭さんはその朝、人と会う大事な約束のため早起きして歯を磨いていた。すると口をゆすいでいた時に、頭の中に声がした。

「石川に行って、海沿いに立つ龍宮神の碑を拝みなさい」

「ウティンヌカミ、今日は人と会う大事な約束があります」

「キャンセルしなさい」

「いやでも、もう時間がないから……」

するると激しい頭痛が襲ってきた。これは神様が絶対に何かをさせたい時に使う非常手段だった。こうなったら海勢頭さんは文句を言うことすら出来ない。

仕方ないので大事な用事をすべてキャンセルして、午後から奥さんの恵美子さんと二人で那覇を出発して、東海岸の石川ビーチまでやってきた。

「今日は何をしろってウティンヌカミは言っているんですか?」恵美子さんがそう尋ねた。

「知らん。ただ行けと言っている」

二人は石川ビーチの駐車場に車を入れて、そのまま向かって右側の海岸線をしばらく歩いていった。するとすぐに石川龍宮神の碑文の場所に出た。

そこで二人は頭を垂れてウートートゥー(お祈り)した。

ところが神様は押し黙ったまま、何も言わない。

「恵美子、何か(神様は)言っているか?」と海勢頭さんが聞いた。

「いえ、何も」

しばらく神様の声を聴くために沈黙していたが、波の音しか聞こえてこない。

「帰るか」と海勢頭さんが言った。

「もう帰るんですか?」

「だーる」

「今日は何しろって神様はおっしゃったんですか?」

「タケーンミケーン(二回も三回も)、同じことを聞くな」

若干不機嫌になりながら海勢頭さんは言った。

と、道を引き返していた途中に、ぽっかり口を開けた洞窟があったのだが、そこに何かがいる気がした。そこに意識を向けると、いきなりあたりがザワザワと騒がしくなった。今まで隠れていた神様が、草葉の陰からいっせいに姿を現したような感じだった。

「何かいる」海勢頭さんは言った。

「まあ怖い」恵美子さんも言った。

洞窟の中に、何かブヨブヨした感じのものがいた。例えるならば腐乱死体のゼリー、あるいは水中の有機物のカビのようなもの。それが洞窟の中で、じっとこちらをうかがっている。こちらに敵意を向けるわけでもなく、なぜかひどく怯えている。

「お前は誰だ?」と海勢頭さんが言った。

「えぷけすぱろどれすぷすぷ」

確かにそんな風に聞こえた。

「何か言ってますけど、聞き取れません」恵美子さんが言う。

「言葉じゃない。言語化できない」

海勢頭さんはその時、嫌な気がした。

ウティンヌカミは、こいつを引き取らせたがっている。そんな感じがありありとうかがえた。

「ウティンヌカミ、こいつは野良猫とは違う。どうして引き取れっていうんですか？」

と聞いてみたが、答えはやはり同じ。

「連れて帰りなさい」

そこで恵美子さんに「今日はこいつを連れて帰るようだ」とだけ言って、そのままスタスタと歩き出して車に戻った。

車に戻ると恵美子さんが言った。

「あなた、あのブヨブヨした変なものを家に連れて帰るってことですか」

「だーる」

「断らないんですか？　うちは狭いですよ」

「この場合広さは関係ないだろ。どうせもう後ろにいる」

意識を向けると、確かに後ろにブヨブヨの腐ったゼリーのようなものが乗っている。

とりあえず、二人は那覇へと帰った。

那覇の家に帰ると、ブヨブヨのゼリーも家の中に入ってきた。同時に家の中にいるほかのものが、うるさく騒ぎ始めた。

海勢頭さんの家には、何人もの人から引き取った様々なものが同居している。家にはそれらが外に出ないように結界が張られていて、中には非常に恐ろしい存在もいくつか混じっていた。

海勢頭夫婦は、それぞれを呼びやすいように名前をつけていた。

ベンちゃんという野良犬の姿をした悪霊がいた。これは沖縄市の越来城址の中にいたものを連れて帰ってきた。これが現在では家を守り、悪いものの侵入を防いでいる。

マクラちゃんと呼んでいるものは、真っ白くて綿菓子のようにフワフワしているが、中身は本土の霊能者が召還した式神である。とある依頼者のもとに飛ばされて精気を吸い取っていたので、海勢頭さんが引き取ったものだ。

あとパインとマンゴーという名前のものもいる。これはハダカヌユー、もしくはハダカユーと呼ばれるマジムン（魔物）で、あるユタに取り憑いて神様の振りをしていたのだが、どうにか縛り付けて家まで連れてきて、今では海勢頭さんの家の家政婦的な役割を担うまでになった。

それらがブヨブヨした存在が家に入ってきた途端、蜂の巣をつついたように騒ぎ始めた。

「みんな落ち着いて。これから一緒に暮らすんだ。仲良くしなさい」

そうは言っても目に見えない存在である。肉体がない分、彼らは上手に嘘がつけない。心が筒抜けなのである。彼らはお互いがお互いを恐れているのが感じられる。まるで大喧嘩をしだす前の闘犬のような感じだった。

「とりあえず、新入りに名前をつけよう。お前は誰なんだい？」

そう海勢頭さんが聞くと、さきほどの言葉の羅列が浮かんできた。

「えぷけすぱろどれすぷすぷ」

「わかったわかった。じゃお前はエプケでいいな。エプケだ」

相手はそれを聞いても押し黙ったままだった。

こうしてエプケという存在が海勢頭さんのところにやってきた。

エプケは何度も海勢頭さんのことを助けているという。仲良くなるには一年以上の時間を必要とした。海勢頭さんが見たところ、エプケの正体は人間の念とハダカユーと呼ばれるマジムンが合体して出来上がったものだった。それも相当昔からいる。エプケを見つめていると、首里城で王様を暗殺しようとしたり、地元のノロを誘惑して人を殺させたり、人の欲につけこんで様々な悪事をさせた過去が見えてきた。

ある時、こんなことがあった。海勢頭さんは普段は新規の依頼を受けないのだが、知り合いの紹介で、ある建物を見に行ったことがあった。

それは中部にあるアパートで、一階の端っこの部屋だった。大家さんの女性はこんなことを言った。

「とにかく普段から線香のにおいが凄いんですよ。煙が新聞受けからモクモクと出ているのも見たことがありますし、火事だと思ったけど開けてみたらそうじゃない。あと、住む人から夜中に女性の悲鳴が聞こえると言われたり、入居してもすぐに出て行ってしまって。別にここで人が死んだりしたことがあるわけじゃないんですよ。一体なんですかねえ」

海勢頭さんがその部屋に入ると、どこからか沖縄の線香であるヒラウコーの強い香りが漂ってきた。とにかく臭い。ヒラウコーは近年とてもよい香りになりつつあるが、昭和のそれは強烈な臭さが混入している感じだった。まさにその臭いだった。

「ここで人が死んでいないって、本当ですか?」と聞いた。

「ええ。そう聞いてます」

「聞いてます?」

「もともとは弟の持ち物なんです」

「弟さんは何年ぐらいこの物件を管理していたんですか」

「二年です。今はいろいろあって入院してますけど」

海勢頭さんは心の中でエプケを呼んだ。それはすぐにやってきた。まだ訓練途中だが、この件について海勢頭さんはこう思った。

「黒いものには、黒いもので対処する」

エプケは部屋の中をぐるぐると動き回り、それにつれて空間がゆがんだ気がした。

「あれれ、急に眩暈がしてきました」と大家さんが言った。

「気にしないで下さい。大丈夫。私の相棒が今見ていますから」

「相棒？」

「ええ。飼い犬みたいなものですかね」

エプケは地下に潜り、そこで真下に遺骨があるのを見て取った。相当な数あるに違いない。なぜか頭蓋骨にこぶし大の穴が開いている。古いものではないので、おそらく戦時中のものだろう。殺されたのかもしれない。

「場所が悪い」と海勢頭さんが言った。

「気色の悪いことを言うようで申し訳ないんだが、この下に沢山の骨が埋まっている」

それを聞いて大家さんは口を押さえて驚いた表情を見せた。

「まあ！　実は弟からここを引き継ぐ際に、このあたりに戦時中の遺骨が埋まっているかもしれないって。目で見たわけじゃなくて、工事中にそんなことを言ってくる付近のオジイがいたそうなんです」

「だーる。それはもう、ここを壊して骨を出すしか方法はない。でもそれはできないよね？」

海勢頭さんはその場で霊を鎮めるためにヒラウコーを上げたが、心の中でエプケにこんなことを言っていた。

「エプケ、これをどうにかできるか？」

できない、とエプケが言った。

「じゃあどうしたらいい？」

食べる、とエプケが言った。

「それは……あまりよろしくない。天に上げるのが一番いい」

食べる、と再びエプケが言った。

海勢頭さんが見ると、地下の死者は本物の死者ではなく、悪霊がこり固まった邪悪なものに見えた。

「好きにしろ」

海勢頭さんがそう言うと、エプケは急に恐ろしい口だけの化け物になって、地下に巣食う悪霊たちを獰猛（どうもう）に食べ始めた。海勢頭さんは見ていられなかった。

「それで、全部食べちゃったんですか？」話を聞いた恵美子さんが驚いて言った。

「そう。目も当てられなかったね。ホラー映画だったよ」

「そんなものを預かっていても大丈夫なんですか。いつか私たちをガブガブと食べたりしないんですか」

「まあそうなったらそうなった時だな。それも人生だって思うよ。そうなった時はもう力もなくなって老いさばらえたってことじゃないか」

エプケは現在では相当おとなしくなっているというが、それでも暴れたりすることがあり、その時は一夜で家の中が台風が通り過ぎたようになることがあるという。

ムンヌマキ

　ユタになる、神人になる、つまり霊能者になるということは、一体どんなものなのだろうか。そのことについて、さつきさんはこんな風に答えた。

「呪い。気が狂う。誰にも話したくない。話すべきではない」

　さつきさんがいわゆる「神ダーリ」したのは、高校生の時だったという。バドミントン部で二年生だったさつきさんは、いつものように体育館で部活仲間とシャトルの打ち合いに興じていた。

　すると、どこからともなく彼女を呼ぶ女性の声が聞こえた。

「さつきぃ！」

　その声があまりにも大きかったので、びっくりしたさつきさんはシャトルを打ち返せなかった。

「どうしたの？」

部活の仲間が声をかけてくる。さつきさんはポカンとしてその場に立ち尽くしてしまった。

さつきさんは自分の名前を呼んだのが果たして誰なのかを見定めようと、周囲を見渡した。体育館の横ではバレーボール部の練習があり、準備体操をしている生徒たちもいた。だが誰もこちらを向いて呼びかけてはいない。

「どうしたの？」

もう一度バドミントン部の友達が話しかけてくる。

「なんか名前を呼ばれた」

「誰に？」

「わからん」

わけがわからず立っていると、天井から何か白いものがドサッと落ちてきた。彼女は思わず「きゃっ」と悲鳴を上げた。それは純白の着物のようなものだった。

目の前でそれはゆっくりと薄くなり、消えてしまった。

「これって何？」さつきさんは思わずそう言って後ずさった。

「ねえねえ、どうしたの？」

心配になったチームメイトたちが、明らかに様子のおかしいさつきさんの元に近寄ってきた。

やがてさつきさんは眩暈に襲われ、その場にしゃがみこんだ。どこからか方言のような声が聞こえてくる。しかし意味はまったくわからない。あれ、誰がこれを喋っているの？　そう自問自答してもまったく理解できない。声はグルグルと彼女の周囲を回っている。

すると視界の隅に昔のかすりの服を着た男性が何人も現れ、激しく彼女を蹴飛ばし始めた。それも一人や二人ではない。多人数の足が彼女の身体を何度も何度もキックしてくる。

「イタイイタイ！」彼女はそう叫んで倒れこんだ。

チームメイトが先生を呼んだので、体育館にいた何人かの大人たちも駆けつけた。どうしたんだ、しっかりしろと言われたが、さつきさんの意識はそこにはなかった。とにかく解放して、蹴るのをやめて。そしてさつきさんは悲鳴を上げながら、混濁の底へと沈み込んでいった。

気がつくと病院のベッドの上だった。

これがすべての始まりだった。


その後さつきさんは、頭から足の先まで徹底的に調べられた。ＣＴスキャンから血液検査、レントゲン、脳波、ありとあらゆる検査をされたが、まったく異常がなかった。

病院に入院して三日目に、彼女の祖母である道子オバアが現れた。

「あんたー、学校で倒れたって？　一体どうしたね」

「オバア、私変になっちゃったの」

涙目になりながらさつきさんは訴えた。

ところがその言葉を聞いて、道子オバアはこんなことを呟いた。

「とうとう来たか……」

さつきさんはその意味がわからなかった。

「えっ、どういうこと？」

オバアは答えてくれなかった。

次の日、担当の長嶺（ながみね）医師が来た。両親も一緒である。医者は手にファイルを持ち、インターンの学生を二人連れていた。

「さつきさん、今の気分はどうですか？」

「はい、平気です」

「それはよかった。実はですね、さつきさんを私たちは徹底的に調べました。で、ですね。結果はというと、データ上で悪いところはまったく認められません」

そう言って長嶺医師は後ろにいる両親をチラッと見た。

「脳波も脳の形も血液検査の結果も、あるいはホルモンの異常も疑ったのですが、それも正常値。うーん、困ったという感じです」

そう言って長嶺医師は一息ついた。それからおもむろにさつきさんの両親の方を向いてこんなことを聞いた。

「確か、ユタさんの家系でしたよね」

「はい、そうです。母親が集落のユタです」

さつきさんの母親がそう答えた。

「医学では説明できないですが、その、ユタのお婆さんは何か言っておられましたか?」

「はい、この子もターリが始まったって」

「うーん、そういうことなら、入院しても何の結果も出ないかもしれません。これからもっと深い検査をしてもいいんですが、果たしてよい結果が出るかどうかは、また別問題なので」

そう言って長嶺医師はさつきさんの方を向いて、こんなことを聞いた。

「今も誰かの声は聞こえる? 見えない人というか。そういうものを見たりだとか、そういったことは?」

「はい」とさつきさんは答えた。

「今朝もいました」

「それはどんなものですか?」

「えーと、病室のドアに手をかけて、血だらけの子どもがいたんで、誰って聞いたら、笑いながら『バーカ』って叫んで、廊下に消えていきました。びっくりしたので看護婦さんを呼んだら、血だらけの子どもなんてこの病棟にはいないって言われました」

「うーん、だろうね。それは現実のものだった？」

「はい、本当に血だらけの子どもでした。多分八歳くらいかなと」

「うーん、私はどうやらその方面には疎いので、どうしようかなあ」

長嶺医師はそう言って腕を組んで押し黙ってしまった。後ろの二名のインターン生は口をポカンと開けて、言葉さえ出てこないような表情だった。

「お前たち、さつきさんの症状を聞いてどう思った？」

おもむろに長嶺医師がインターンの学生に聞いた。

「話には聞いていたんですが、これが神ダーリなんですかね」

「なんですかねじゃなくて、お前はどう思ったかって聞いているんだよ」

「えーと、そうですね。精神科に行っても治らないって聞いたんですが」

「おいおい、患者さんの前で治らないとか言うのは、医者にとってはナシだぞ」そう言いながらさつきさんと両親に詫びを入れた。そして「お前はどうだ？」と、もう一人のインターン生にも話を聞いた。

「ちょっと質問してもいいですか？」とその若いインターン生はさつきさんに直接聞いてきた。

「それはいつからなんですか？」

「それって、いろいろ見えるようになったのはってことですか？」

「そうです」

「多分、五歳くらいの時かな。死んだ親戚のお葬式に行ったら、その親戚の棺おけにたかっている浮浪者みたいな人が一杯いて、両親に泣きついた思い出があります」

「死者にたかっていた？」

インターン生はあからさまに変な顔で言った。

「はい、貪(むさぼ)るというか、食べるというか、現実的に食べているわけではないんですけど、こう、手を伸ばして肉を千切り取るというか、掴む感じでした。それがあまりにも変な臭いがしたので、その場にいることが出来ませんでした」

「どんな臭いだったんですか？」長嶺医師が尋ねた。

「潮の臭い」さつきさんは答えた。

「強烈な潮の臭いでした。魚網が日向で乾燥したような、もっと言うとエビの殻が腐ったような臭いがしました」

「それは別の死んだ人なんですか？」もう一度長嶺医師が聞いた。

「オバアはハダカユーって言ってました。カミオチしたハダカユーだって」

「カミオチ？」

「神様の元から落ちてしまった存在を、そう呼ぶみたいです」

その答えに対して、長嶺医師とインターンの二人は写真のようにその場に固まって何も喋ることが出来なかった。

やがて一週間後、すべての検査が終了しても、まったく異常は認められなかった。彼女の検査を終えた長嶺医師は、データを見ながらこんなことを言った。

「若干脱水気味です。それだけです」

そしてその日に退院となった。


病院から家に帰ると、実家の仏壇の前に道子オバアが座っていた。道子オバアはいつもベージュのシャツにズボンを穿いているのに、その日は真っ白な着物を着ていた。その姿は何度も見たことがある。本当に大変な霊と対峙するときに着る特別な着物である。

道子オバアはその着物を着て、仏壇の前で正座している。

「座れ」

　道子オバアはきつい口調でさつきさんにそう言った。退院したばかりのさつきさんはいきなり正座をさせられた。

「あんたに私は話があるよお」

「なあに、オバア」

「あんたはよ、これからムンヌマキされるだろうけど、怖気づいちゃいけないよ」

「ムンヌマキって知らんさ」

「ムンヌマキ。人が悪霊に負けること。私にはこれから沖縄が大変なことになるとわかっている。だからお前に手伝ってもらって、それらをひとつずつしらみつぶしに消し去る。お前はその手伝いをするよお」

　ムンヌマキ？　手伝い？　一体オバアは何の話をしているんだろう？

「オバア、私まったく意味くじわからんし（意味がわからない）」

「頭を垂れなさい」

　オバアがきつい言葉でそう言ったので、さつきさんは頭を垂れた。そしてオバアがグイス（祝詞）を何度も何度も唱え始めた。しばらくするとさつきさんに眩暈が襲ってきて、体が時計回りにグルグルと回り始めた。

そのうち眠ってしまったに違いない。気がつくとタオルケットに包まれて、眠ってしまっていた。

両親と道子オバアが話している声が断片的に聞こえてきた。

……この子をあそこのウタキにつれていかないと。

それで、ハダカユーはあの子をとり殺したりしないんでしょうね……

……釘を打つって、地面にですか?

影に打つわけさ。

えっ、何のですか?

ハダカユーさ。

ハダカユーに影があるんですか?

もちろん、ある……

一体何の話をしているんだろう。

さつきさんは身体中がだるかった。夢見心地の中で再び眠りについた。

ハダカユーの巣窟

それからの半年間は、学校にすらまともに行けなかった。朝起きると身体中が痛い。頭がボウッとしてテレビの声さえ入ってこない。足がつり、歩くことが出来ない。

そして気がつくと、変な場所にいることがあった。

ある日の昼、家でラジオを聴いていたさつきさんは、気がつくと知らない公園にいた。木の形をしたコンクリートのベンチに座っていた。直前の記憶は大好きなヒープーさん（沖縄のラジオパーソナリティ）の声を聞いていた。ところが気がつくと、一度も来たことがない公園のベンチに座っている。

とりあえずあたりを見渡すと、どこかの田舎の公園らしい。巨大なガジュマルや桜の木が生えている。少し向こうにひっくり返ったサッカーゴールが雑草の中に置きっぱなしにされている。

「立って」と声がしたので立った。あたりには誰もいない。

　誰かにひっぱられる感覚があったので、なすがままに歩いて行くと、小さな祠（ほこら）があった。何かの意思につられて、その祠を拝んだ。すると方言で知らない声の女性が喋っている声が聞こえる。

「ごめんごめん、方言わかんないんだけど」と小声で言うも、それは延々と耳の中にこだましてくる。しかし一言も意味が理解できない。

　あとで両親に電話をするため、近くにいたお年寄りに電話を借りたが、その時にその場所が南部にある大里（おおざと）城址公園だということがわかった。家は北部である。どうやってこんな場所までやってきたのか、まったく記憶がなかった。


　それから彼女は高校を休みがちになってしまった。耳鳴りがして歩けなかったり、とにかく倦怠感が酷いのである。何人かの親戚はそんなさつきさんを見て、どうして心療内科に診せないのかと激しく言ってきた。しかしさつきさんの両親は子どもを心療内科に見せるつもりはなかった。薬漬けにしても一緒だとわかっていたのである。

　そこですべてを道子オバアにゆだねた。

道子オバアにはすでに考えがあった。

「あんたにはね、ハダカユーが取り憑いている」と道子オバアは言った。

「ハダカユーってなんね？」とさつきさんは尋ねた。

道子オバアによると、ハダカユーとはマジムンの一種であった。

琉球の昔の時代、人がまだ裸で暮らしていた太古の頃、大きな飢饉があった。人々は飢餓をしのぐために何でも食べたが、やがて一部の人たちが共食いを始めた。共食いをしだすと、人は止まらなくなった。次々に人を食べてゆき、最後に残った人々もお互いを食べるために殺しあった。

その時に最後まで残った数百人のマブイは、死んでも天へは上がれなかった。あまりにも酷いことをしたので、ティンバチが下ったのである。彼らのマブイは地上をさまようしかなく、今に至っているという。

これを近年のユタたちが、ハダカユーと呼んでいる。理由は裸で暮らしていた世の中に生まれたことから起因しているらしい。それは時に神様の姿になったり、人を押さえ込む悪霊になったり、政治家や権力者に取り憑いて、この島を混乱させる原因にもなっているという。

「あんたに取り憑いているハダカユーを、とりあえず動かなくしないと仕事ができないさ。だからあんたと私は、今日からその場所を探して、釘を打ちにいくからね」

「釘を打つ？　どうやって？」

「あんたは人を殺す方法を知っているか？」

「そりゃわかる。ナイフで刺すとか、車でひき殺すとかでしょ」

「それは並みの人間がすることさ。力のあるものはそんなことしない。影に釘を打つのさ」

「どうやって？」

「生きている人が昼の十二時に太陽の下にいれば、その影の部分に行って五寸釘を影の心臓部分に打ち込む。そうすればその人は死ぬ」

「えーオバア、恐ろしい話やめて。私そういうの嫌いさ」

「一応知っとけ。知識は教えられるときに素直に聞くこと。でもその人が昼の十二時に影のあるところに立っているかどうかわからんし、部屋にいたらダメだし、そもそも腕のいい暗殺者がそんなことするかあ？」

「絶対にしないと思う」

「そうさ。だから頭の賢いユタはヒトガタを使う」

「ヒトガタって紙の？」

「そう。昔は藁で作ったり、琉球人形に名前を貼り付けて、その影に釘を刺した」

「オバア、なんだか恐ろしいんだけど」

「いいかあ、昔いたノロは当時の琉球王朝から任命された公務員だったけれど、戦争があった時には、それぞれの軍隊の後ろにいて、念を送って相手をやっつけていたんだよ」

「本当なの、オバア？」

「本当さ。有名なノロで君南風という女性がいる。彼女は一体何人を念で殺したかねえ」

「それで、ハダカユーの話とどう繋がるの？」

「ハダカユーにこれから釘を刺しにいくよ」

「どうやって？　だってそれ、マブイだけなんでしょ。つまり身体がないと影はできないもんだけど」

「ううん。できる。そして力のあるものはそれが見える。つまりお前も見える」

「ふうん」

さつきさんは半信半疑だったが、とりあえず道子オバアに従って出かけることにした。

まず向かったのは名護にある小さな山である。付近では電照菊の栽培が盛んで、畑がいくつも連なっていた。車をそんな農地のひとつに停めると、オバアは畑の間の細い道をドンドン登って行った。

「オバア、これって他人の畑じゃないの？」

「えー気にするな。ウガミサー（拝む人）には関係ないさ。泥棒するわけじゃない。この先にウタキがあるんだよ」

「オバア、ウタキって神様の場所でしょう。そんな場所にマジムンがいるわけ？」

「やっさ。ついてきなさい」

オバアについていくと、山の斜面のところに、コケの生えた古そうな祠があった。どうみても天然の岩を削って作られている。見ると、祠の中には海から離れているにもかかわらず、沢山の大きな貝で溢れていた。

「これは龍宮神であるよ。どうして山の中にあるかというと、あるお姫様と一緒にここへ越してきた、という伝説がある。まあホントかどうかわからないけどね」

オバアはそう言ってよっこいしょと荷物を下ろした。

その時、さつきさんには変な臭いがした。

「オバア、潮の臭いがする」

「そうさあ。これがハダカユーの臭いさ。いろんなものが潮と一緒に腐った臭いだよ」

そう言って道子オバアは袋からトンカチと五寸釘を取り出した。そしていきなりウタキの敷地内の土の上に「えい！」と叫びながら飛び伏せ、その場所に釘を打ち始めた。

「一匹」と言った。それからまた飛び伏せて、土の上に釘を打つ。

「二匹」そして「三匹」、「四匹」と数は膨れ上がっていった。

それを見ていると、不思議と身体が軽くなっていった。それでも疲れた感覚はあったので、近くに座り込んで、道子オバアのやることを眺めていた。

その時、何かぼんやりとした黒い煙のようなものがすぐ横にいるのを感じた。背丈は子どもくらい。しかし首のありそうなところにそれがない。ずんぐりむっくりの体型で、それがさつきさんの首を絞めてくる。首を絞め返してやろうと思ったが、相手に首がないので胴体に手を伸ばしたが、胴体のありそうな場所は煙だけで実体がない。そうか、と思い、すぐに道子オバアのかばんから釘とトンカチを引っ張り出し、影のありそうな場所に打ち込んだ。いつの間にか、黒い影は消えていた。

「オバア、できた」とさつきさんは言った。

「上等やっさ」

これが初めて、ハダカユーに釘を打った時のことだった。

道子オバアの説明によると、このウタキにはハダカユーが封印されていたが、のちの大雨で封印であったガジュマルとクバの木が倒れてしまい、また山自体も農地として開発されて、神聖さを失ってしまった。それにより、ハダカユーがいくつも地上に現れているという。


それからさつきさんは、高校に復学し、卒業はすることができた。約二年の間、彼女の調子はおかしいままであったが、徐々に回復し、今に至る。

「ユタになりたいとか言ってくる人が今でもいますけど」とさつきさんは語る。

「頭おかしいんじゃないかって思います。オバアに連れられていろんなところに行きましたけど、全部を話してたら、きっと同級生から引かれてしまって、まともな社会生活なんて出来ません。それなのに、ユタって肩書きが欲しいとか、ユタの占い師になって人を救うんだとかいう人はナンセンスです。ユタは呪いなんです。その力は自分で制御できるものじゃありません。

私ですか？　私はまだ恵まれているほうだと思いますよ。でも結構な頻度で、ハダカユーが襲ってきます。家の畳は釘のあとだらけです。客観的に見たら、病気でしょう。だって畳とか地面に真顔で釘を打つんですよ。何度も言いますが、ユタも神人もみんな呪いです。普通の生活なんてできません。しかも最近は能力もないのに、おしゃれに『ユタ』とか『神人』って名乗りたいだけの人がいます。恋愛ばかり占っているような人です。それは私に言わせれば、占い師であってユタでも神人でもない。本物は決してテレビに出ませんし、本も書きません」

そう語るさつきさんは、現在は那覇市に住んでいるが、今でも気がつくと北部にいたり、ある時は久高島でボウッとしている自分に気づくことがあるという。

ユタは呪いなのだ。

出来れば、ならないに越したことはない。

神人とあやはべる

ある日、海勢頭さんの家の門から突然鐘の音が聞こえてきた。

チーン、チーン。

チーン、チーン。

はて、何の音だろうと、玄関に向かった。引き戸を開けると、白髪の老人がそこに立っていた。しかし格好がおかしい。

首に金色の鎖をまきつけ、その両側には小さな髑髏の連なった瓔珞（ようらく）のようなものをぶら下げている。長い胸まで伸びた顎鬚（あごひげ）は先端が結ばれている。左目は海賊のような黒いアイパッチをしている。右目には汚らしい目やにがごっそりついているのが見えた。

「ええと、何の用でしょうか？」海勢頭さんは初対面の老人に言った。

「ワジワイ（災い）が起こるぅ」老人が言った。

「はい？」海勢頭さんは聞き返した。

「ティンバチ、カンジュン（天罰が下る）」

「ティンバチ？　何のね」

「ティンバチよ、沢山、死ぬう」

「どういうことね。あんた、誰ね」

「ティンバチ、ティンバチ」

そういって老人は身体を揺らした。瓔珞がチーン、チーンと金属音を立てた。その時妙な羽音のような音が老人の背後から聞こえてきた。

ブンブンとまるで蜂（はち）の大群が群れているような音である。海勢頭さんはなんだか背筋がぞっとしてくるのを感じた。

「恵美子、恵美子！」

海勢頭さんは二階にいる奥さんを呼んだ。しばらくして恵美子さんが「どうしましたか？」と言いながら階段を降りてきた。

「このオジイよ、変であるわけさ」と海勢頭さんが言った。

「オジイって、誰ね？」

ふと見ると、玄関には誰もいなかった。ただ引き戸が開いて、外のひんぷん（門と玄関の間に立てる魔よけの壁）がそこにあった。

蜂の羽音のようなものが、次第に遠くなっていくのがわかった。

「あなた、何を見たっていうの？」恵美子さんが聞いた。

「そこに片目の老人がいたんだけど、ティンバチ、ティンバチって言ってた」

「ティンバチ？　天罰ってどういう意味？　おかしな人ね」

「たぶんだけど、この世の人じゃない気がする」

「あなた、それはきっと死神よ。他になんて言ってたの？」

「みんな死ぬって言ってた」

「ほらやっぱり。死神なんじゃないの。どうしてうちに来たのかしら」

「知らん。死神に知り合いはいない」

「それは私もだけど」

そういって恵美子さんは台所に行き、たくさんの荒塩を持ってきて、玄関にまいた。

すると再び凄まじい羽音が道路から響いてきた。

「お父さん、私怖いけど」恵美子さんが言った。

「私もだよ。もしかして私を迎えに来たのかね」

「あらいやだ。それだったら私も一緒に行きますけど」

ブンブン、ブンブン、凄まじい羽音が近づいてくる。

同じく、チーン、チーン、チーンという金属音も激しさを増した。玄関の戸がガタガタと台風の時のように揺さぶられた。

「ウティンヌカミ、ウティンヌカミ、ミーマンジュン（御天の神、この身をお守りください）」海勢頭さんは思わずそう呟いた。恵美子さんは恐怖に襲われて、夫にしっかりと抱きついた。やがて一陣の風が吹き、羽音が急に収まった。

どこかですずめが優しく鳴いている。

庭のガジュマルの葉をそよぐ風の音がする。

今のは何だったんだ？　海勢頭さんはいぶかしげに眉をひそめながら、玄関から外に出た。

道路に出ると、まるで真っ黒いタールのようなものが、道路に撒き散らされているのが見えた。呆然と立ち尽くしていると、三軒隣に住んでいる、ユタの道子オバアが玄関から現れて、挨拶をした。

「あんたたちよ」と道子オバアが言った。

「今、恐ろしいものが来たよお」

「オバアよ、あれは何だったのかねえ」

「あれよ、カミオチよ」

「カミオチ?」

「あれよ、神様の元から落ちた悪霊が来て、生きている人が負けることさ。あれは並みの悪霊じゃない。世界が終わるよ。大変なことが起こる。私にはわかる」

そう言いながら、道子オバアは家の中に戻っていった。

海勢頭も奥さんと一緒にしげしげと家の中に戻り、厳重に鍵をかけた。

何かが来るのか。

嵐の前の静けさのようなものが、集落を包み込んでいた。


海勢頭さんはその日から沖縄各地の拝所をまわることにした。

海勢頭さんはつまるところ神人である。神人とは神様のために働く人のことである。

お金をとってユタや占い師のようなことは普通行わない。神様がやりなさいといったことをするのである。

　最初に訪れたのは、北部にある標高三百メートルほどの山であった。その頂上に観音様がお祀りしてある。海勢頭さんの後ろの神様は、まずそこへ行けと言った。

　恵美子さんと二人、車に乗っていると、そこからすでに何かに邪魔されている感はあった。蜂やカナブンや蛾などの虫が、次々に軽自動車のフロントガラスに衝突しては、汚らしいシミを作った。

「あなた、私、虫が嫌いです。虫の体液はもっと嫌いです」恵美子さんが助手席でそんなことを言った。

「言われるまでもない。私だって好きじゃないよ」

「しかも水で流しても、全然流れないじゃないですか」

「帰りに洗車すればいいさ」

「これもティンバチなんですかね」

「ティンバチじゃない。いろんなものに邪魔されているだけさ」

　朝に那覇を出て、北部の山には昼過ぎに到着した。車を山の下に停めると、二人はマイペースに山を登っていった。山と言ってもハイキングコースが整えられているわけではなく、その半分以上は獣道のような感じの道だった。

　山を登っていると、途中で強烈な臭いに何度か襲われた。

「あなた、クサいですよ」

「そんなことわかってる」

「何の臭いですかね」

「潮臭いな。エビが腐った臭いだ」

「そういえば先週、生きた車エビを使ってエビチリを作った時にも、次の日ゴミ箱からこんな臭いがしました。あの時、生きたエビの殻をむくの、どんなに大変だったかあなた、知っています？　まるでヤコペッティの世界残酷物語みたいで、私は二度と生きたエビの皮はむきません。これからは死ぬまで冷凍エビしか買いません」

「ゴミ箱が潮臭かったのはエビの殻があったからだろう。どうして山の上が潮臭いんだと思う？」

「それはあなた、ハダカユーがいるからでしょう」

「私もそう思う」

「何か対策はあるんですか？」

「ない。道子オバアの専門だろう」

「じゃあ今から電話します？　ついでに孫のさつきさんも呼びますか？」

「なあ恵美子、もっと現実的な話をしなさい。厭味ったらしく山の上でそんなことを言うもんじゃない」

「厭味じゃありません。私は現実主義者なんです」

そんな会話をしながら山をひたすら登っていくと、山の頂上に着いた。そこには戦後すぐに立てられたコンクリート製の鳥居があり、鳥居をくぐると小さな祠が三箇所あった。鳥居をくぐると潮臭い感じはしなくなった。

「ウティンヌカミ、ミーマンジュン」

海勢頭さんはそう祈ると、持ってきたクワッチー（ごちそうの意味だが、ここでは神様に捧げる食べ物の詰まった重箱のことを指す）を広げて、神様にお供えした。

その時だった。鳥居とは反対方向の林の中から、学生服を着た女子高校生のような少女が現れた。全身ずぶ濡れで、どこをどうやって登ってきたのかわからないが、顔は青ざめて、何かブルブル震えているようだ。少女は「こんにちは」と蚊の鳴くような小さな声で言いながら、二人の方へ近づいてきた。

「あなた、あれは生きている人ですか、死んでいる人ですか」

「多分生きているよ」海勢頭さんは答えた。

と、その少女は、二人が見ている前で、いきなり消えてしまった。

「消えちゃいましたよ。やはり生きている人ではなかったですね」

「だーる（その通り）……」

そこで後ろの神様に聞いてみたところ、あれは最近、下の集落で死んだ少女であると言われた。

「山を降りて、この者の友人に、この者が成仏していることを伝えよ」

後ろの神様はそんなことを言う。

「私は沖縄の平和の祈りを捧げるためにここへ来ました。その仕事はもういいのですか？」

ウティンヌカミは答えなかった。

「では先日現れた、あの瓔珞をぶら下げた死神は、何のために現れたのですか？」

するとこんな声が聞こえた。

「あれは死神ではない。世界の終わりを告げるものだ」

世界の終わり？　この世界が終わると？

「そう、終わりを告げる。かもしれない」

そんな曖昧な返事が返ってきた。神様はいつも明確なことは言わない。ごまかして、じらして、嘘までつく。そうやって人間をコントロールしている。

「あなた、今日私たちが北部のこんな田舎まで来たのは、世界を救う祈りを捧げるためだと思ってましたけど」恵美子さんがそんなことを言った。

「いきなり話がワールドワイドからファミリーサイズに変わったんですね」

「まあそんなことを言うな。とりあえず降りよう」

「今すぐにですか？」

「ああ、今すぐに」

「今日はここでピクニックするんじゃなかったんですか」

「お前の冗談はもういいから。さ、降りよう」

そこで海勢頭さんたちはクワッチーを片付け、そのまま山を降りた。山を降りていると潮の臭いが一層強くなり、二人とも両肩に鉛が乗っているかのような重さが感じられ、歩くのが困難になるほど、足元がフラフラしてきて眩暈が襲った。

「あなた、私これ以上歩けません。たぶんここで死ぬと思います」

「お前はまだ死なないよ。だってお前が死ぬのは念願のハワイ旅行を終えてからだって言ってたじゃないか」

「世も末だからそんな予定はキャンセルされたんですよ」

あまりに身体が重いので、恵美子さんはその場に座り込んでしまった。海勢頭さんが恵美子さんの肩に手を置いて霊視すると、おかしなものがそこに浮かんでいた。

三角形のピラミッドのような枠の中に、巨大な一つ目がこちらを睨んでいる。ハダカユーではない、何か別の恐ろしいものだった。

「あなた、この一つ目はなんですか」

それは恵美子さんにも見えたようで、そんなことを聞いてきた。

「私も初めて見るね。こいつが世界を滅ぼす相手なのか」

海勢頭さんが意識を向けると、相手はこんなことを言ってきた。

「取り引きしよう」

海勢頭さんは恵美子さんに言った。

「お前、一つ目が取り引きしようって言ってきたぞ」

「断ります。私たち夫婦はそんなことしませんって伝えてやりなさい」

するとー つ目はまたこんなことを海勢頭さんに言ってきた。

「身体を貸せ」

海勢頭さんは恵美子さんに言った。

「お前、今度は身体を貸せと言ってきたぞ」

「断ります」

恵美子さんは断固とした口調で言った。そこで海勢頭さんはエプケを呼んだ。やっつけろと命令すると、あっという間にピラミッドの目を飲み込んでしまった。

「エプケに食べてもらったよ」海勢頭さんは恵美子さんに報告した。

「身体も軽くなりました。あれは何なんですかね」

「わからん。三十年前には沖縄にはあんなものはいなかった。最近だよ。いろいろ入ってきている。現実世界も、霊の世界も」

「恐ろしい世界になりましたね」

しばらくその場で休んでから、二人は歩き出し、やがてふもとの集落にたどり着いた。

そこに小さな商店があったので、お茶を買うために立ち寄った。店にいた女性と話をしていると、昨日、集落の中学生の少女が、川の上流で深みに入って溺れて亡くなったことを聞かされた。名前はミカさんというらしい。そこで何気なくミカさんの家の場所を聞き出したので、二人はそちらへ向かうことにした。

ミカさんの家は集落でもかなり古い木造の一軒家だった。門は開いており、中に入ると一人の女性が顔を出した。そこで自分は那覇から来ているが、神人という仕事をしているということ、山の上のウタキで亡くなった娘さんから来て欲しいといわれたと、簡略に、しかし丁寧に申し出た。するとその方はミカさんの親戚だったらしく、丁寧に断ってきた。

仕方なく海勢頭さんは頭を下げて、「大変失礼しました」と詫びを入れて引き返した。

「仕方がありませんよ」と恵美子さんが言う。

「だろうな。私だって身内が死んだあとにこんな夫婦がきたら、宗教の勧誘だと思うだろう」

そこで先の商店の軒先に座って、二人で瓶の牛乳を仲良く飲んだ。飲んでいると、向こうから学生服姿の女の子がやってくる。明らかに海勢頭夫婦を意識しているのだが、話しづらそうに前を通過して、再び戻ってきた。

「こんにちは、座ります?」と恵美子さんが優しく声をかけた。

「はい。ユタって聞いたけど」とその女の子が言った。

「そんな感じです。神人って自分では名乗っているが」と海勢頭さんは言った。座るように促すと、女の子は商店の前の木製の椅子に腰を下ろした。

その時、美しいアゲハチョウがやってきて、海勢頭さんとその女の子の間で嬉しそうに羽ばたいた。

彼女はマキコという名前だと自己紹介した。昨日亡くなったミカさんとは無二の親友だったのだと。

海勢頭さんはマキコさんから、事故の詳細について話を聞いた。

その集落には山から流れる川が真ん中を走っている。

学校終わりの昼の三時頃、マキコさんはミカさんと一緒に川のそばを歩いていて、ふと川の中程の岩の上に、誰のものかわからないクバ傘が落ちているのを発見した。クバ傘とはクバの葉で編まれた昔からある沖縄の装具である。もしかしたら知り合いのオジイのものかもしれない、とマキコさんが言うと、「じゃあ私が取ってくる」とミカさんが言い、二人で川面へ降りていった。

クバ傘があるところまでは、岩がいくつか露出しており、その上を歩いていけばすぐにたどり着けそうだった。その下は深みになっていて、水の色が変わっていたが、二人はよくそこで幼い頃から水遊びをした仲だった。

すぐにミカさんが岩の上をピョンピョンと跳ねながら、クバ傘のところまでたどり着いた。と、その寸前で足を滑らせてしまった。ほんの一瞬の出来事だった。ミカさんはあっという間に岩の横の深みの中に沈んでしまった。

マキコさんはすぐに助けに水の中に入ったが、ミカさんは水の上に浮かび上がったものの、息をしていない。すぐに近くにいた大人に助けを求めたが、救急車の来る頃にはすでに絶命していた。人工呼吸でも息は戻らなかった。

その話をしながらマキコさんはボロボロと涙を流した。ぜんぶ私のせいだと彼女は言った。幼馴染の親友を、私のせいで死なせてしまった。

恵美子さんが優しく肩をさすると、さきほどの蝶がまたやってきて、マキコさんの膝の上にちょこんと留まった。そして羽根を広げたり閉じたりを繰り返した。

「マキコさん、彼女はね、全然そんな風には思っていないって」と海勢頭さんが言った。

「むしろ、あなたがそんなことを思って苦しんでいるのを見ているのが、一番苦しいそうだよ」

それでも彼女は苦しそうに泣きじゃくるだけで、喋ることが出来ない。

と、マキコさんの膝の上の蝶が、さきほど山の上のウタキで見た女性の姿に見えた。

「音大に行ってね、絶対だから」とその蝶が言った。

「ミカさんはあなたに音大に行って欲しいそうだよ。絶対にって」

それを聞くと、マキコさんの嗚咽はさらに激しいものになった。

「どうして……どうして」

さらに蝶はこんなことも言った。

「あなたはいつも弱気だから勇気を持って。東京の大学にも必ず受験して。その日には私も一緒についていくから」

海勢頭さんは蝶が言ったことをそのままマキコさんに伝えた。

マキコさんはそれを聞いて、さらに激しく泣きじゃくった。

「あの、一つ聞いていいですか」マキコさんがしばらくして言った。

「彼女は成仏しているんですよね。天国に行けたんですよね」

「もちろん」

「時々私のところにも会いに来てくれますか?」

「今も来てるし、これからもちょくちょく親友の顔を見に来るそうだよ」

膝の上の蝶がゆっくりと羽根を閉じたり広げたりしている。

「この蝶が……ミカなんですか?」

「正確には、ミカさんのマブイが乗っている。蝶は死んだ人が生きた人に会うために乗ってくる乗り物なんだよ」

「音大には二人で受験したかったのに」

「彼女もそう思ってるよ。二人で一緒に受験したかったねって言ってる」

「私はどうすればいいんですか?」

「前を向くことだよ。困難も立ちふさがるだろうが、とにかく前を向くことだ。これからは決して一人じゃない。彼女がそばについて見守っている。これからは二人分の人生を生きなきゃならない。それが君の務めなんだよ」

蝶はしばらくマキコさんの膝の上でゆっくり羽を休めていたが、なぜか気がつくともうそこにはいなかった。その場にいた三人とも、蝶が飛び立つのをなぜか見ることはなかった。

「これでよかったんです。今日の目的は、最初は違いましたけど」

帰り道、恵美子さんがそんなことを言った。

「神様は本当に変なことをされますね。やれ山の上で祈れだの、どこそこへ行ってそこにあるウタキに祈れとか、それを信じてその場所に行ったら、今度はまったく別のことをさせられる。あの、言っておきますが、これは文句じゃありませんよ。私の人間としての感想を言っているだけです」

「わかっているよ。お前の感想はいつも役に立つ」

海勢頭夫妻は名護の道の駅でコーヒーを買い、駐車場で夕陽の海辺をぼんやりと眺めていた。すると再び肩が重くなり、なぜか吐き気が襲ってきた。

「あらやだ、私吐き気がしてきました。もしかしてコーヒーに毒でも入っていたんじゃないかしら」

「お前、いつも言う言葉が大げさなんだよ。毒など入っているわけがないじゃないか。さっきのあいつのせいだよ。三角形の一つ目がそこにいる」

見ると、車の横にさきほど山で出会った存在が煙を吐き出しながらそこにいた。

「なあお前、誰のために働いている？」と海勢頭さんは三角形の一つ目に語りかけた。

「お前の主人は誰だ。どうして人を不幸にさせる？　川の真ん中に不自然にクバ傘を置いたのもお前だろう。そんなことをして楽しいのか？」

一つ目はさらに肥大化して、ブクブクと泡を吹き出しながら近寄ってきた。

「ウティンヌカミ、ミーマンジュン……」

海勢頭さんがそう言ったときだった。潮の風に乗って、一匹のリュウキュウアゲハチョウがふらりと視界の中に入ってくると、そのまま三角形の一つ目の中を通り過ぎた。すると一つ目は激しく瞬きすると、あっという間に消えてしまった。

蝶はそのまましばらく海勢頭夫妻の車のまわりを嬉しそうに飛んでいた。

やがて太陽が水平線に沈む頃、蝶は左右にゆらゆらと揺れながら、海の彼方へと飛び去ってしまった。

「あやはべる、なりよわちへ。くせはべる、なりよわちへ」

恵美子さんが琉球の古典「おもろそうし」の中の一節を口ずさんだ。

「だーる」

感慨深げに海勢頭さんはそう呟いた。

琉球奇譚 マブイグミの呪文

2020年9月4日　初版第1刷発行

著者	小原 猛
企画・編集	中西如（Studio DARA）
発行人	後藤明信
発行所	株式会社 竹書房 〒102-0072 東京都千代田区飯田橋2-7-3 電話03（3264）1576（代表） 電話03（3234）6208（編集） http://www.takeshobo.co.jp
印刷所	中央精版印刷株式会社

定価はカバーに表示しています。
落丁・乱丁本の場合は竹書房までお問い合わせください。

ISBN 978-4-8019-2383-6 C0193